레트로 기획자의

영감 노-트

우리가 사랑한 1990년 광고 바이브

정상수 지음

레트로 기획자의

영감 노-트

포르체

아이디어를 찾아 헤매는 기획자를 위해

영감은 어디에서 오는가? 알 수 없다. 세상의 모든 기획자는 각자의 방식대로 영감을 얻는다. 어떤 이는 샤워할 때, 또 다른 이는 산책할 때 나온다고 했다. 회의실만 들어가면 영감이 떠오르지 않는다는 말도 있다. 어쨌든 영감이 어느 날 갑자기 번개처럼 머리를 치며 등장하지 않는다는 것은 틀림없다. 훌륭한 기획을 위한 영감을 얻으려면 열심히 찾고, 열심히 궁리하는 길밖에 없다. 그러다 보면 만나게 된다. 내가 찾은 아이디어에 반응이 없으면 다시 찾으면 된다. 그래도 반응이 없으면 또다시 찾는다. 대단하다는 이야기를 들으려 애쓰지 않는 편이 좋다. 날마다 그냥 더 좋은 아이디어를 찾아보는 것이다. 그러다 보면 누군가 알아 준다.

1990년대, 한국의 광고 시장이 세상에 열렸다. 선진 마케팅 기법으로 무장한 글로벌 광고 선진국들은 새로운 질서와 표준을 요구했다. 우리가 몰랐던 것들에 대한 이해가 필요했다. 인터넷은 상용화되지 않았으며, 사회의 속도도 지금처럼 빠르지 않았다. 낭만적이었으나 치열했고, 치열했으나 여유가 있었다. 모두 인공지능과 겨루며 빛의 속도로 달리는 지금에 비하면 나름대로 매력이 있던 시대였다.

이 책에서는 서울 올림픽을 치렀던 1980년대 말부터 글로벌 광고 회사들과 협력하며, 때로 싸워 가며 집행했던 광고 캠페인들을 소개한다. 그 작업 과정에서 거친 수많은 시행착오와 광고 선진국의 동료들로부터 배운 노하우를 담았다. 후반부에는 현역 기획자들의 기획 작업에 도움이 될지도 모르는 몇 가지 이야기를 담았다. 내가 독창적으로 생각해 낸 것은 아니다. 나도 다양한 글로벌 기획자 선배들에게 배웠다. 잔소리와 충고는 필요 없지만, 좋은 이야기는 이어져야 한다.

다방면에서 활약하는 한국의 기획자들을 바라보면 뿌듯한 마음이 앞선다. 나는 시장 개방으로 충격받으며 일했지만, 시대가 바뀌어 이제는 한국발 글로벌 브랜드가 세계의 소비자에게 사랑받는다. 삼성전자의 갤럭시가 모토로라를 이기고 애플의 아이폰과 1, 2위를 번갈아 가며 차지할 줄은 상상도 하지 못했다. 현대자동차와 기아자동차가 세계의 여러 대륙을 누비고, 외국 영화에 나오는 빌딩 외부에 LG 에어컨이 달려 있고, 한국의 드라마 시리즈를 전 세계에서 자막을 띄워 가며 보리라고는 생각도 하지 못했다.

이 이야기들을 책으로 만들어 준 포르체 박영미 대표와 장황한 글을 깔끔하게 다듬어 준 김아현 편집자에게 감사 인사를 전한다. 특히 CJ E&M과 메타 출신 권은아 상무가 포르체를 연결해 주지 않았으면 이 책은 태어날 수 없었을 것이다. 이 안에 현역 기획자들이 영감을 떠올리는 데 도움이 될 스토리나 키워드가 한두 개라도 있다면 다행이다. 이 시간에도 세상을 바꿀 새로운 아이디어를 찾기 위해 묵묵히 일하고 있는 한국의 젊은 기획자들을 위해 건배!

2024년 10월
정상수

목차

1장

기획자의 광고 제작 노트

제작자는 기획자처럼,
기획자는 제작자처럼

아메리칸 익스프레스 카드 광고

‘아멕스’라고도 불리는 아메리칸 익스프레스는 비자, 마스터카드와 함께 미국의 3대 카드사로 불리는 회사다. 1987년, 오리콤에 입사한 직후 아메리칸 익스프레스 카드 광고에 투입되었다. 전 세계에서 방영되는 아메리칸 익스프레스의 기존 광고를 따라 60초 길이의 광고를 제작하기로 했다. 지금도 TV 광고의 길이가 15초나 20초, 길어야 30초인 것을 생각하면 60초짜리 TV 광고를 제작하는 것은 큰 도전이었다. 긴 시간만큼 스토리보드가 길어서 여러 장을 병풍처럼 붙였다 접었다 해야 할 정도였다.

광고의 콘셉트는 ‘멤버에게는 특권이 있다.(Membership has its privileges.)’ 오길비앤매더 뉴욕에서 개발한 글로벌 캠페인의 슬로건이었다. 멤버가 아닌 사람들은 소외감을 느낄 수 있는 배타적인 문구였지만 높은 연회비만큼 혜택도 크다는 걸 강조하는 콘셉트였다. 캠페인의 기본적인 뼈대는 같지만, 각 장면은 한국 소비자에 맞게 새로 개발하기로 했다. 카피도 '회원만의 혜택을 드립니다.'로 바꾸어 붙였다. 영상은 한국에서 대행을 하는 오리콤과 오길비 홍콩이 함께 작업했다. 스토리보드 개발은 우리가 했지만 촬영 수준이 우리보다 홍콩이 한 수 위여서 함께 하기로 한 것이었다. 오리콤에서는 나를 포함해 세 명의 PD가 투입됐다. 입사한 직후라 기획보다 제작에 주로 참여했다. 영화라고 생각하면 60초밖에 되지 않는 초단편이지만, 광고 중에서는 대작이었다.

태릉의 한 스튜디오에서 며칠 동안 촬영이 시작되었다. 광고 촬영을 위해 60년대 한국 영화 미술의 거장이었던 노인택 미술 감독이 심혈을 기울여 제작한 세트가 설치되어 있었다. 홍콩보다 더 홍콩 같은 세트에 서양인 엑스트라들을 등장시키니 감쪽같이 해외 촬영 효과가 났다. 아직 해외여행이 자유화되기 전이었다. 스튜디오 외에 로케이션 촬영 장소도 많았다. 도산 공원 앞 공중전화 부스, 호텔 연회장, 논현동 고급 가구 전시장, 압구정동 대형 한정식집 등을 돌며 찍었다.

광고는 어두운 길에 떨어져 있는 아메리칸 익스프레스 카드 장면으로 시작한다. 그런데 문제가 생겼다. 가지고 있는 카메라로는 작은 카드의 깨알 같은 글자까지 촬영하기가 어려웠던 것이다. 그런 초근접 촬영을 하려면 우리나라에 없던 특수한 카메라가 필요했다. 아무리 고민해도 글자를 선명하게 촬영할 길이 없어 글로벌 버전 광고의 원본 필름을 3초간 쓰기로 했다. 원본 필름에 그림자가 살짝 스치게 효과를 주고 우리가 찍은 한국 카드 장면을 이어 붙이는 방법이었다. 카드가 땅에 떨어진 위치, 밝기 등을 최대한 원본과 비슷하게 맞추어서 촬영한 뒤 이어 붙였다. 한 프레임씩 보는 것이 아니라면 알아차리기 어려울 정도로 감쪽같았다. 홍콩 촬영 팀에게는 창피했지만, 그때로서는 가장 좋은 방법이었다.

마지막 장면도 같은 문제에 봉착했다. 이번에는 잔치 비용을 카드로 결제하는 장면이었다. 글로벌 버전 광고는 카드를 가까이서 촬영한 장면에서부터 한 번에 뒤로 빠지며 넓디넓은 연회장의 전체 모습을 담고 있었다. 촬영용 이동차 없이는 불가능했다. 같은 트릭을 썼다. 식비를 계산하기 위해 쟁반에 카드를 올려놓는 장면까지는 우리가 촬영하고, 이어지는 연회장 장면은 원본 필름을 슬쩍 이어 붙인 것이다. 카메라 움직임을 끊지 않고 작은 카드에서부터 연회장 장면까지 자연스럽게 이어지는 영상을 찍기 위해서였다. 웅장한 배경 음악으로 어색함을 메꾸었다. 컴퓨터그래픽이 없던 시절 좋은 영상을 만들어 내기 위해 고군분투했던 기억이다.

　인상 깊었던 인물은 홍콩 팀의 아트 디렉터이다. 선글라스를 끼고 귀에는 이어폰을 꽂고, 촬영 내내 건들거리며 음악을 들어서 놀러 온 사람인 줄만 알았다. 그런데 가만히 음악을 들으며 무대 뒤를 서성이던 그는 결정적인 순간에 미술과 조명에 대한 디테일을 지적하고 아이디어를 제시했다. 촬영을 마치고 건네 받은 그의 작업들을 보니 우리나라에서 보지 못했던 환상적인 영상 광고가 가득했다. 신입 시절 그를 만나 아트 디렉팅에 대한 기준을 세울 수 있었다.

처음 광고 대행사에 입사하고, 광고 기획뿐 아니라 광고 제작 과정에도 함께 참여하며 어깨 너머로 배운 것들이 큰 도움이 되었다. 훗날 경험을 살려 제작 팀에서 근무하기도 했다. 광고 대행사에는 제작 업무에 대해서는 전혀 알지 못하고 기획에만 집중하는 기획자가 있는가 하면, 기획에 대해서 생각하지 않는 제작자도 있다. 둘 다 틀렸다. 기획자는 제작자처럼 생각할 수 있어야 하고, 제작자는 기획자처럼 생각할 수 있어야 한다. 그 유명한 테슬라 CEO 일론 머스크도 자동차 엔지니어와 디자이너가 각각 다른 공간에서 근무하게 하지 않고, 한 공간에서 함께 근무하도록 했다고 한다. 기획자가 제작에 대해 알고 있으면 다른 관점에서 색다른 아이디어를 제시할 수 있다. 제작자가 기획에 대해 알고 있으면 기획자의 의도를 백 배 잘 살리는 연출 아이디어를 제시할 수도 있다. 내 일만 생각하는 근시안적인 사고에서 벗어나야 한다.

마음이 바쁜
한국인의 친구, 커피

네슬레 테이스터스 초이스 커피 광고

1988년, 서울 올림픽이 성공적으로 끝났다. 중계 화면을 통해 전 세계에 소개된 '은둔의 왕국' 한국은 국제 무대에서 조금 더 유명해졌다. 이후 한국 시장을 세계에 개방하라는 압력이 커지기 시작했다. 새로운 시장을 발굴한 많은 글로벌 브랜드들이 한국 시장의 문을 두드렸다. 커피 시장도 예외는 아니었다.

세계적 식품 기업 중 하나인 스위스의 네슬레(Nestlé)는 일찌감치 한국에 들어온 기업이다. 네슬레는 1979년 한국농어촌개발공사와 함께 한서식품(韓瑞食品)이라는 합작 회사를 만들었다. 한국과 서서(瑞西, 스위스의 한자어)의 한 글자씩을 딴 이름이었다. 한서식품은 아기 이유식 쎄레락(Cerelac)과 청소년 건강 식품 마일로(Milo) 등 다양한 제품을 한국에 소개했다. 그러던 1980년대 말, 한서식품이 네스카페(Nescafé)

란 이름의 커피를 본격적으로 출시했다. 냉동 건조한 원두를 갈아 간편하게 마실 수 있는 인스턴트 커피였다. 곧이어 네스카페 테이스터스 초이스(Taster's Choice)도 등장했다. 인스턴트 커피의 전성 시대였다.

인스턴트 커피는 마음이 바쁜 한국인의 라이프 스타일에 딱 맞는 커피다. 커피 잔에 커피 가루를 몇 숟가락 넣고 물만 끓여서 타 마시면 되니 이렇게 간편할 수가 없다. 당시 인스턴트 커피는 설탕과 프림이 섞이지 않은 원두 가루였기 때문에 기호에 따라 설탕과 프림을 적절히 넣어 마시면 좋았다. 도시 곳곳의 다방에서는 원두 커피와 함께 인스턴트 커피를 팔았다. 원가를 절감하기 위해 담배꽁초를 원두에 섞어 커피를 만들어 팔던 악덕 다방이 뉴스에 나오기도 했다.

개화기 무렵, 한약 탕국처럼 쓴맛 때문에 '양탕(洋湯)국'이라 불렸던 커피는 한국의 가정과 일터에 빠지지 않는 필수 기호식품이 되었다. 이제 한국인은 '커피'라는 단어에서 아침 일찍 커피 한 잔을 손에 들고 신문을 보는 멋진 직장인, 혹은 아기자기하고 따뜻한 곳에서 친구들과 함께 커피한 잔의 여유를 즐기는 주말의 이미지를 떠올린다. 양탕국이라 불리던 커피가 어떻게 이미지 탈바꿈을 할 수 있었을까? 그 이면에 광고의 힘이 있다.

80년대 말, 네슬레코리아는 한국에 첫선을 보일 커피 브랜드로 네스카페 테이스터스 초이스와 골드 블렌드(Gold Blend)를 선정했다. 아울러 커피 크림(프림)인 카네이션 커피메이트(Carnation Coffee-mate)도 함께 론칭하기로 했다. PD인 나를 포함해 광고 대행사 오리콤의 모든 이가 동원되어 세 브랜드를 성공시키기 위해 수없이 많은 스토리보드를 개발했다.

중요한 숙제는 테이스터스 초이스와 골드 블렌드, 두 커피 브랜드를 차별화하는 것이었다. 동시에 두 개의 브랜드를 론칭하는데 둘의 차이를 알 수 없다면 커피 시장에 성공적으로 자리 잡기는 물 건너갈 것이 뻔했다. 수많은 소비자 조사 끝에 골드 블렌드는 고급스럽고 동양적인 분위기로, 테이스터스 초이스는 현대적이고 국제적인 분위기로 가기로 했다. 일본 시장에서 동양적인 콘셉트로 성공했던 네슬레의 경험과 유럽과 남미 시장에서의 글로벌 브랜드 성공 사례를 반영한 결과였다.

우리 팀은 '브랜드를 처음 선보이는 광고라면 무엇보다 브랜드의 이름을 먼저 알려야 한다'라는 전략을 세웠다. 예나 지금이나, 첫선을 보이는 광고는 소비자의 뇌리에 브랜드 명을 확실하게 각인해야 한다. 전달하고 싶은 메시지가 많아도 우선 브랜드 고지 광고를 먼저 집행해야 효과적이다. 특히 골드 블렌드는 한국에 처음 등장하므로 더욱 그랬다. 그래서 골드를 연상시킬 수 있는 이미지 장치를 많이 개발했다. 그중 한 아이디어는 금을 강조한 것이었다. 어둠 속에서 금을 다루는 장인이 등장해 금물을 녹여 틀에 붓고, 카메라가 용암처럼 흐르는 금물을 따라가다 보면 골드 블렌드라는 글자가 되는 스토리였다. 그러나 네슬레는 이 아이디어를 거절했다. 회의를 거듭한 끝에 네슬레가 택한 길은 안전한 길이었다. 그들은 이미 검증된 성공 사례를 한국 시장에서도 반복하기를 원했다. 네슬레는 일본에서 음악가, 작가 등 유명한 예술가가 커피를 음미하는 콘셉트의 광고를 성공시킨 경험이 있었다. 결국 국내에서 개발한 여러 가지 아이디어를 모두 버리고, 예술가 시리즈 광고 캠페인을 대대적으로 집행하기로 결정했다.

문제는 경쟁사 동서식품의 맥심 커피가 한국에서 유사한 콘셉트로 오랫동안 광고 캠페인을 집행했다는 점이었다. 네슬레 본사의 마케팅 임원들과 사장은 그런 게 어디 있느냐고, 우리 브랜드가 수십 년간 전 세계에서 집행해 성공한 캠페인을 그렇게 베끼면 되느냐고 화를 냈다. 한국 시장이 반칙을 하는 것이라고도 비난했다. 하지만 내 생각은 달랐다. 여러 가지 면에서 그 캠페인과 비슷한 면이 많지만 어쩌겠는가? 광고 형식에 특허가 있나? 경쟁사 편을 들고 싶지는 않았지만, 위대한 예술가를 커피 광고에 출연시키는 아이디어가 특별히 새로운 것도 아닌데 막을 수는 없지 않겠느냐고 되물었다. 대신 비슷하더라도 우리가 더 좋아 보일 수 있도록, 시리즈의 첫 편부터 강력한 주인공을 캐스팅하기로 했다. 수차례 설득 끝에 상업 광고에는 출연할 수 없다며 거절하던 김주영 소설가를 섭외했다. 그렇게 경주의 멋진 풍광을 배경으로 김주영 작가가 여유롭게 커피를 마시는 골드 블렌드 광고가 완성되었다.

같은 시기에 경쟁 브랜드 맥심 골드 광고에는 김은국 작가가 등장했다. 유명 작가의 줄지은 출연으로 한국 커피 광고의 품격도 자연스럽게 올라갔다. 김은국 작가가 출연한 광고에 등장한 "가슴이 따뜻한 사람과 함께 하고 싶다."라는 카피도 유명해졌다. 지적인 이미지를 가진 작가들이 광고에 출연하자 소비자의 반응도 좋았다. 커피가 맛있다고 직접적으로 말하는 대신, 당대의 유명한 작가가 김이 모락모락 나는 커피 잔을 원고지 옆에 두고 사각사각 만년필로 글을 쓰는 모습을 보여 준 광고는 감동이었다. 따뜻한 커피 한 잔을 마시며 글을 쓰는 멋진 이미지를 따라 하고 싶었던 사람이 나뿐만은 아니었을 것이다. 제품이 좋다고 대놓고 말하는 광고도 있지만, 그것보다 소비자가 좋아할 이미지를 제시해야 마음을 얻을 수 있다는 것을 다시 한 번 깨달은 순간이었다.

골드 블렌드와 다르게 국제적인 이미지를 살리기로 한 테이스터스 초이스의 첫 한국 광고는 일주일 동안 미국 뉴욕 한복판에서 찍었다. 해외여행 자유화가 되자마자 처음 떠난 해외 촬영이었다. 몇 달 동안 아이디어 회의를 하다가 최종적으로 결정된 스토리는 간단했다. 잘나가는 패션 디자이너가 새로운 것을 찾아 떠난 뉴욕 출장에서 거리를 활보한다는 설정이었다.

스토리가 정해졌으니 다음으로 촬영 장소 선정이 필요했다. 뉴욕의 다양한 장소를 모두 가 볼 수 없으니, 회의실에 앉아 뉴욕시 관광 안내 비디오를 돌려 보며 촬영에 적합한 장소 목록을 만들었다. 타임즈 스퀘어, 그랜드 센트럴 터미널, 팬 암 빌딩(현재 메트라이프 빌딩으로 불린다), 록펠러 센터, 줄리어드 음대, 준공한 지 얼마 되지 않아 화제였던 금색의 트럼프 타워 등등. 모두 영화에서 많이 본 곳이라 마치 가 본 듯 했다. 광고의 카피는 "늘 새로운 스타일을 찾고 새로운 사람들을 만나지만 커피만은 변함없이 초이스죠." 브랜드 이름인 테이스터스 초이스의 뜻대로 커피 맛을 아는 사람이 선택한 커피라는 이야기였다. 창작하는 직업의 특성상 외국에 가서도 늘 새로운 것을 찾지만, 거기서도 커피만은 늘 테이스터스 초이스를 마신다는 반전도 설정했다.

운 좋게도 내가 테이스터스 초이스의 제작을 총괄하게 되었다. 당시 광고주였던 네슬레 코리아는 사장이 독일인, 마케팅 디렉터는 프랑스인이었다. 둘은 광고를 담당하는 우리가 서투르다며 노골적으로 무시했다. 그런 광고주를 만나 많이 다투고, 많이 야단맞았다. 매사에 불만인 광고주 사장에게 짧은 영어로 겁도 없이 덤벼 당황하게 만드는 일도 많았다. 그렇지만 디테일 점검에 능한 그들에게 많이 배웠다. 그들은 30초 광고에 필요한 모델 의상 약 열 벌을 모두 샤넬 같은 명품으로 준비하라는 요구를 했다. 광고 마지막 장면에 나오는 커피 잔도 반드시 일본 브랜드 노리다케(Noridake)의 잔을 써야 한다고 우겼다. 고심 끝에 이태원에서 최대한 비슷한 옷을 찾고, 그들이 말한 잔을 구하러 함께 일하던 동료가 하루짜리 일본 출장을 다녀오기도 했다. 무리한 요구를 들어 주느라 바빴지만, 그런 사소한 디테일이 광고 퀄리티의 한 끗을 담당하기도 한다는 것을 몸소 느꼈다.

드디어 대망의 뉴욕 촬영 날. 광고 PD는 직접 촬영을 하진 않지만, 촬영 현장의 책임자로서 광고가 기획한 대로 잘 찍히는지를 확인해야 한다. 광고주와 광고 감독의 의견이 자주 충돌하기 때문에 조정자 역할도 한다. 특히 이번 촬영은 국내 촬영이 아닌 해외 촬영이었기에 더 신경쓸 것이 많았다. 그러나 걱정과 다르게 촬영은 순조롭게 진행되었다. 우리나라보다 영화 촬영 시스템이 앞서 있던 미국이라 그런지, 돌발 상황 하나 없이 계획대로 진행되었다. 우리가 배워야 할 점이 많았다.

촬영을 마치고 필름을 한국으로 가져와서 편집을 거쳐 광고를 완성했다. 이 광고는 첫 방송 이후 10여 년 동안 같은 형식으로 모델만 바꾸어 계속 집행되었다. 네스카페는 아직까지 캡슐커피의 일인자로서 많은 가정과 일터에서 사랑받고 있다.

1980년대 말만 해도 한국의 광고를 해외에서 찍어 오는 일은 낯설고 신기한 경험이었다. 이후로 한국 광고도 해외 촬영이 많아졌다. 특히 자동차 광고나 기업 PR 광고처럼 제작 규모가 큰 광고는 해외 촬영이 잦다. 한국의 소비자들도 광고에서 해외의 풍경을 보거나 외국인을 보는 것에 익숙해졌다. 국내 브랜드인 삼성 갤럭시 광고에 해외를 배경으로 외국인 모델들이 나와도 당연하게 받아들인다.

물론 익숙해졌다고 해도, 무조건 해외로 나가 촬영한다고 좋은 광고가 될 리는 없다. 인플루언서들이 자비를 들여 제작하는 여행 영상도 많아져서 광고의 해외 로케이션이 더 이상 신기하지 않다. '소라(Sora)' 같은 인공지능 프로그램이 등장해서 해외 촬영을 가지 않고도 사무실에서 영상을 만들 수 있는 시대다. 오히려 광고하는 제품과 광고의 분위기에 맞는 국내의 멋진 장소를 발견해 소비자의 호응을 끌어낼 수도 있지 않을까? 광고 기획에 성공하려면 유행에 민감하면서도 유행에 사로잡히지 않아야 한다. 광고뿐인가? 어떤 유형이든 새로운 콘텐츠를 기획하고 있다면 유행을 누구보다 빨리 파악하고, 그 반대로 아이디어를 낼 일이다.

광고도 영화처럼

칸 국제 광고제

매년 5월, 프랑스 남부 도시 칸(Cannes)에서 칸 국제 영화제가 열리고 나면 뒤이어 6월에 세계 최대 규모의 광고제인 '칸 국제 광고제'가 열린다. 미국의 뉴욕 페스티벌, 클리오 국제 광고제와 함께 세계 3대 광고제 가운데 하나로, 60년 가까운 역사를 자랑하는 권위 있는 광고제다. 2010년부터는 '칸 라이언즈 국제 창의성 축제(Cannes Lions International Festival of Creativity)'로 이름을 바꾸었다. '광고(Advertising)'에서 범위를 확장하여 '창의성(Creativity)'이란 이름을 붙인 것이다. 매년 이만 편 정도의 광고 작품이 출품되고, 백여 개국가에서 만 오천 명 이상의 광고 마케팅 전문가들이 참가하니 '광고계의 올림픽'이라 할 수 있다.

여느 광고제와 마찬가지로 대회 기간 중에 다양한 세미나와 광고 대회, 시상식 등이 열리는데, 수상자에게 사자 모양의 트로피를 수여해서 '칸 라이언즈'라고도 불린다. 칸 라이언즈 상을 받으면 세계적인 위상이 올라간다. 광고 브랜드와 광고 대행사, 광고 제작사는 물론 광고를 직접 기획하고 제작한 크리에이터들에게도 가문의 영광이다. 광고 업계에서 몸값이 수직으로 올라가는 것은 덤이다. 실제로 기업과 광고 대행사들은 광고제 기간 동안 긴장을 늦출 수 없다. 칸에서 인재들을 영입하기 위한 물밑 작업이 수시로 일어나기 때문이다. 아울러 광고제 몇 주 전부터는 세계의 광고 전문 잡지에서 전문가들을 동원하여 올해의 그랑프리 수상작 예측을 쏟아내기 시작한다. 이는 세계의 광고와 마케팅 전문가들에게 커다란 도움이 된다. 광고와 마케팅의 거대한 흐름과 트렌드를 알 수 있기 때문이다. 글로벌 브랜드들은 광고제가 끝나면 수상작을 분석하며 마케팅의 방향을 잡기도 한다.

1991년 6월, 처음으로 칸 국제 광고제를 참관하러 갔다. 이전까지만 해도 한국 광고계는 칸에서 매년 국제 광고제를 연다는 사실도 잘 몰랐다. 당시 한국 광고는 미국과 일본의 영향을 받아 발전하고 있던 시절이라 유럽 광고에 대한 정보도 부족했다. 국제 광고제라면 미국 중심의 클리오 국제 광고제나 뉴욕 페스티벌 정도만 알던 시절이었다. 광고제 수상에도 큰 욕심이나 기대가 없었다. 그나마 선배들의 초창기 영상 광고들이 가끔 수상하는 정도였다. 그런데 한국 광고계에 사건이 일어났다. 1990년에 오리콤에서 만든 동원산업 어묵 TV 광고가 칸 국제 광고제 동사자 상을 수상한 것이다. 칸 국제 광고제에서 영미권 광고를 제치고 한국 광고가 수상을 했다는 소식은 당시 국내 광고계에 큰 파란을 일으켰다. 칸 국제 광고제 참관 붐이 일어난 것은 그 후의 일이다. 바로 다음 해에는 제일기획이 제작한 음주 운전 금지 공익 광고가 은사자 상을 받았다. 오리콤을 비롯한 국내 대형 광고 대행사들은 앞다투어 직원들을 칸에 보내기 시작했다. 광고계의 프랑스 신사 유람단이었다.

칸에 도착하여 광고제 행사장인 팔레 데 페스티발 극장에 갔다. 칸 영화제 때 유명 배우들이 레드 카펫으로 장식된 계단을 한발 한발 올라가는 바로 그곳이다. 칸 국제 광고제 로고와 연도가 적힌 토트백도 인상적이었다. 광고제에 가면 프로그램 북이나 각종 광고 회사들의 판촉물이 많아서 거기에 담으면 편했다. 지금이야 광고제나 학회 등의 행사에서 일상적으로 쓰지만, 행사 기간 동안 세계의 광고인들이 똑같은 장바구니를 한쪽 어깨에 메고 다니는 모습이 신기했다. 어느 광고 음악 프로덕션에서 판촉용으로 나누어 준 데모

CD도 인상적이었다. 다양한 느낌의 주옥같은 광고 음악들이 많이 들어 있어 귀국해서도 한동안 레퍼런스로 즐겨 사용했다. 30초나 60초 길이로 만든 음악들이라 내 아이디어나 광고 시안을 설명할 때 매우 요긴했다.

본격적인 광고 공부가 시작됐다. 광고제의 광고 공부는 일주일 동안 꼼짝하지 않고 컴컴한 극장에 앉아 영상 광고를 보거나, 로비에 전시된 인쇄 광고를 보는 일이었다. 팔레 데 페스티발 행사장 로비에 한없이 길게 펼쳐 전시되어 있던 세계의 인쇄 광고 작품들. 문화 차이로 이해하기 어려운 광고도 있었지만, 심의 따위 아랑곳하지 않고 솔직하게 메시지를 표현한 광고, 한국에서는 범접할 수 없는 수준의 자유분방한 광고가 대부분이었다. '광고를 이렇게 만들 수도 있구나!' 싶었다.

그해의 필름 부문 금사자 상은 프랑스의 페리에(Perrier) 생수 광고에게 돌아갔다. 매우 단순한 구성의 극영화 스타일 광고였다. 누런 톤 화면에 사파리 복장의 목마른 여성이 사막을 연상시키는 산을 힘겹게 기어오른다. 첫 장면부터 강렬했다. 왜 저렇게 기어 올라가지? 여성이 가까스로 정상에 다가간 순간, 트로피처럼 놓여 있는 페리에 생수병을 발견한다. 살았다는 표정으로 생수를 집어 마시려는 그때, 반대쪽

산에서 무서운 표정의 사자가 등장한다. 사자도 물을 마시려고 반대쪽 언덕을 힘겹게 달려 올라왔던 것이다. 여성과 사자는 생수병을 차지하기 위해 얼굴이 맞닿을 정도로 달려들어 서로 으르렁 소리를 낸다. 절박하게 소리를 지르는 여성의 입이 사자보다 점점 더 커진다. 결국 소리 지르는 절박한 여성의 기세에 눌려 사자가 단념하고, 여성이 페리에 생수를 차지한다. 끝으로 귀에 익은 팝송 〈난 네게 마법을 걸 거야(I Put a Spell on You)〉가 흐르며 페리에 생수 로고가 떠오른다.

엄청난 충격이었다. '이게 광고 맞아? 영상 광고를 저렇게 영화처럼 만들 수 있구나!' 짧은 시간에 광고를 얼마나 몰입해서 봤는지 마치 영화를 본 느낌이었다. 당시 한국에서는 30초라는 짧은 시간 안에 제품의 장점을 최대한 많이 이야기하는 방식의 광고가 많았다. 할 말이 너무 많은 광고주는 30초란 시간은 생각하지 않고 여러 개의 장점을 담아 달라고 주문했다. 그 탓에 광고 대행사와 광고주가 다투는 일도 많았다. 강력한 광고 아이디어를 내야 할 시간에 광고주가 제시한 여러 메시지 중 하나의 가장 강력한 메시지를 결정하는 데 시간을 많이 썼다. 포커스 그룹 인터뷰 같은 소비자 조사도 연일 이어졌다. 여러 개의 콘셉트와 메시지를 소비자에게 보여 주고, 그들이 가장 선호하는 방향과 콘셉트를 찾는 일이었다. 광고주는 애써 줄인 단일 메시지 외에도 또 다른 메시지를 추가해 달라고 요구하기 일쑤였다. 우여곡절 끝에 이번 광고에서는 '톡 쏘는 맛'만 강조하기로 합의했는데, 어느 날 느닷없이 전화해서 기존의 오렌지 맛 이외에 포도 맛과 딸기 맛이 추가되었으니 그것들도 광고에 담아 달라는 식이었다. "30초 광고 안에 뭘 하나 더 넣으려면 다른 걸 하나 빼야 해요!"라고 외쳤지만 헛수고인 적도 많았다. 상부의 지시라 어쩔 수 없다고 했다. 그리고 다음 날 전화해서 광고 마지막 제품 장면에 '신제품'이란 자막을 크게 넣어 달라는 주문을 했다. "아니, 소비자들이 광고에 처음 나오는 제품을 보면 신제품인지 다 알지요." "그래도 어떻게든, 작게라도 넣어 주세요." "이것도 상부의 지시인가요?" "아뇨. 신제품 광고에 '신제품'이란 자막을 넣으면 매출 증대에 도움이 된다는 연구 결과가 있다고요." 예나 지금이나 메시지는 단순해야 힘을 발휘하건만, 무조건 좋은 내용을 많이 담아야 힘이 세질 거라는 오판이었다.

페리에 광고가 까다로운 전 세계 심사 위원들의 평가를 거쳐 금사자 상을 받은 이유는 간단하다. 한 가지 메시지를 끝까지 강력하게 밀어붙였기 때문이다. 생수 같은 음료의 기본적인 콘셉트는 '목마를 때 우리 음료를 마셔요'이다. 모든 생수는 세계의 목마른 이들을 위해 태어난 제품이니 당연하다. 페리에는 기본 콘셉트인 갈증 해소를 극적으로 표현했다. 천연 탄산이 들어서 짜릿하다든지, 레몬 맛과 라임 맛도 있다든지, 큰 병과 작은 병이 있다든지, 프랑스의 대표 생수라든지 할 말이 많았겠지만, 다 버리고 '엄청나게 목마를 때 마셔요'라는 한 가지 메시지만 담았다. 나 역시 하나의 광고에 한 가지 메시지만 담아야 성공한다는 것을 머리로는 알고 있었다. 하지만 페리에 광고를 통해 30초 광고에서도 한 가지 상황만 선정해서 극단적으로 밀어붙이는 영화식 스토리텔링이 가능하다는 것을 배웠다.

강력한 스토리의 마지막에 반전을 설정해 보는 이를 몰입하게 하는 방법도 배웠다. 이야기에 기승전결이 있다는 것은 초등학생도 알지만, 실제로 아이디어를 낼 때는 잊기 쉽다. 그런데 페리에는 훌륭하게 허를 찌르는 반전을 설정해냈다. 고난 끝에 기적처럼 만난 생수를 마시려 하는 순간, 반대편 산으로 사자가 올라오다니. 그것이 갈등 포인트라 생각한 순간, 사자 못지않게 입을 크게 벌려 소리를 지르기 시작하는 주인공의 본능적 행동이 반전 포인트였다. 스토리의 반전을 이렇게 설정해야 30초 후에 페리에만 기억에 남는다는 것을, 광고는 강력한 인상을 남겨야 효과적이며 심사 위원들은 제품 설명보다 재미있는 스토리를 더 좋아한다는 것을 깨달았다. 돌아가면 나도 영화처럼 강력한 스토리 위주의 광고를 개발해야겠다고 다짐했다.

처음 광고를 시작하는 기업은 마음이 바쁘다. 제품이나 서비스를 15초 안에 소개해야 하므로 1초가 아깝다. 그래서 광고에 스토리는커녕 메시지만 꾹꾹 담는다. 아니면 유명 모델만 보여 준다. 인스타그램이나 페이스북 피드에 카드 뉴스를 띄워 봐도 초조하다. 죽죽 넘어가는 스크롤의 속도를 따라잡기 어렵기 때문이다. 그러나 광고에 메시지만 담으면 성공하기 어렵다. 사람들이 보고 싶어 하는 광고를 만들려면 '여유'를 가져야 한다. 그것이 스토리가 필요한 이유다. 15초 동안 광고 영상을 보여 줄 수 있다면, 2초의 브랜드 고지 외에 13초는 스토리로 쓸 각오를 해야 한다. 아깝지만 그래야 소비자의 관심을 끝까지 유지할 수 있다. 사람들은 재미있는 것에 반응하기 때문이다.

끝이 보이지 않는 시골길. 누군가 카메라를 향해 열심히 달려오고 있다. 계속 달려온다. 장면의 변화는 없다. 그 모습 위로 성우의 목소리가 들린다. "위대함이란 아무것도 아닙니다. 연예인이나 스포츠 스타만 위대한 것이 아니거든요. 우리도 각자의 위대함을 하나씩 갖고 있지요. 그러니 그걸 한 번 찾아보세요."라는 이야기다. 드디어 카메라를 향해 달려오던 인물의 모습이 드러난다. 마라톤 선수가 아니라 거리에서 흔히 볼 수 있는 통통한 체구의 소년이다. 자막이 떠오른다. '당신만의 위대함을 찾아보세요.(Find Your Greatness.)' 나이키 광고다.

광고에 운동화가 좋다든지, 골프옷이 좋다든지, 축구공을 잘 만든다는 이야기는 없다. 다만 세상의 보통 사람들에게 용기를 가지라는 메시지를 넌지시 던질 뿐이다. 60초 광고에서 58초를 스토리에 사용했다. 물론 나이키도 제품 광고를 한다. 하지만 제품 정보 고지는 홈페이지로 돌리고, 영상 광고에서는 여유를 갖고 소비자와 만나는 방식으로 효과를 극대화한다. 소비자는 구체적인 제품의 사양이 아닌, 광고가 주는 인상을 기억할 뿐이다.

인하우스 광고 감독의
비애

오리콤 광고 감독이 되다

광고를 하려는 기업은 대개 광고 대행사와 함께 일한다. 거대한 조직 안에 광고 전담 부서를 따로 두기 어렵기 때문이다. 제품만 좋으면 매진되어 마케팅을 할 필요가 없었던 1970년대 이전에는 내부에 광고 부서나 디자인실이 있는 회사도 많았다. 하지만 시간이 갈수록 회사가 커지고 마케팅 기법과 광고가 전문화되면서 광고 전문가 그룹인 광고 대행사에 외주를 주게 되었다.

기업의 마케팅 부서에서 신제품이나 기업 광고의 마케팅 전략을 세우면, 광고 대행사의 기획자는 수많은 소비자 조사를 통해 마케팅 전략에 맞는 광고 캠페인 전략을 세운다. 광고 대행사의 기획자는 광고주 기업의 마케팅 팀과 수차례 회의를 진행하며 콘셉트를 정한다. 기획자는 그 콘셉트를 광고 대행사의 크리에이티브 팀에게 설명해 준다. 크리에이티브 디렉터, 카피라이터, 아트 디렉터들로 구성된 이 팀은 구체적인 광고 표현 아이디어를 내는 팀이다. 기획자와 크리에이티브 팀은 정해진 콘셉트를 갖고 다시 토론과 다툼을 시작한다. 더욱 확실하고 구체적인 하나의 콘셉트가 정해지면, 광고주 기업의 마케팅 팀과 기업의 최고 경영자에게 최종 승인을 받아 제작에 들어간다. 광고 영상은 예산 규모와 광고 대행사의 체제에 따라 광고 대행사 내부의 제작 팀이 제작하거나, 외부 제작사에 의뢰하여 함께 제작한다. 광고 하나를 만들기 위해 수많은 인력이 투입되는 셈이다.

광고 대행사는 기업의 광고 업무를 대행하지만, 단순한 대행을 넘어 폭넓은 홍보 업무를 수행한다. 기업이 출시하는 제품이나 서비스를 광고하는 일뿐 아니라 기업의 이미지 관리와 전략적 미래 설계 같은 모든 분야를 아울러 담당한다. 실제로 종합 광고 대행사는 광고 기획, 광고 제작, 광고 매체, 마케팅, PR, 세일즈 프로모션, 디지털 등 다방면으로 소비자를 만나는 전문가를 보유하고 있다. 그래서 '종합 광고 대행사'라 부른다.

종합 광고 대행사는 제일기획(삼성 계열)이나 이노션(현대자동차 계열), HSAD(LG 계열), 대홍기획(롯데 계열), SM C&C(SM 엔터테인먼트 계열) 등이 유명하다. 대개 대기업 계열사라 광고 물량이 크기 때문이다. 그런 광고 회사를 '인하우스 대행사 (In-house Agency)'라 부른다. 대기업이라는 집 안에 들어간 계열사라는 뜻이다. 그러니까 한국의 대형 광고 대행사들은 그룹이라는 보호막이 있어 안전하게 활동하고 있는 셈이다. 그것이 한국 광고 업계의 문제점이자 장점이기도 하다. 대기업들은 커다란 광고 물량을 자기 계열사에만 의뢰하는 경향이 있다. 창의력과 용감한 도전 정신으로 기존 광고 업계 관행에 덤비는, 작지만 강한 광고 회사는 버티기 어렵다. 웰컴이나 나라기획 같은 소형 독립 광고 대행사는 끝내 사라지고 말았다.

대기업 계열 광고 대행사들이 많아 좋은 점도 있다. 한국의 글로벌 브랜드들이 제법 많아졌기 때문이다. 이전에는 상상도 하기 어려웠던 글로벌 비즈니스의 광고를 이제는 한국 본사에서 진두지휘한다. 세계 곳곳에 지사를 두고 삼성전자의 스마트폰 갤럭시나 가전 제품 광고를 집행하는 제일기획, 전 세계의 현대자동차와 기아자동차 광고를 총지휘하는 이노션, 세계 어느 지역의 사진을 봐도 빠지지 않고 등장하는 LG 에어컨과 가전 제품 광고를 하는 HSAD, 전 세계로 팔리는 롯데 식품과 백화점 같은 유통 사업 광고를 하는 대홍기획 등은 모두 대기업 계열 광고 대행사다.

외국계 광고 대행사로는 TBWA, 레오 버넷(Leo Burnett), 오길비(Ogilvy), 덴츠(Dentsu), BBDO 등의 회사가 있다. 다국적 기업인 외국 대행사들은 전 세계에 많은 지사를 갖고 활약하고 있어 네트워크 대행사(Network Agency)라고도 불린다. 다국적 대행사들은 대개 세계 여러 나라에서 업계 1위이다. 다만 한국 시장에서는 대기업 중심의 인하우스 대행사가 시장을 점유하고 있어 마음껏 기량을 펼치지 못하는 실정이다. 오길비의 경우 한국 광고 시장에 적극적으로 진출하기 위해 LG 그룹의 인하우스 대행사 LG애드(HSAD의 옛 이름)를 샀다가 되팔았다. 이후 현대 그룹의 인하우스 대행사 금강기획(이노션의 전신)을 사서 금강오길비가 되었지만, 현재 금강오길비의 광고 의뢰 비용은 크게 높지 않다.

온라인 광고 대행사로는 플레이디(KT 계열), 차이 커뮤니케이션, 에코마케팅, 디블렌트, 펜타클 등이 있다. 광고 업계에서는 TV 광고, 신문 광고, 잡지 광고, 라디오 광고를 '4대 매체'라 부른다. 주로 대기업이 막강한 마케팅 비용을 들여 활용하는 전통적인 광고 매체를 말한다. 과거에는 기업 마케팅 비용의 절반 이상이 4대 매체에 들어갔다. 이에 따라 광고를 주 수입원으로 삼는 민영 TV 방송국들과 '조중동(조선일보, 중앙일보, 동아일보)'으로 대표되던 주요 일간지와 잡지사들이 호황을 누렸다. 그러나 인터넷 상용화 이후 불붙은 디지털 광고 시장은 판도를 바꾸었다. 검색 광고와 배너 광고로 시작한 디지털 광고는 유튜브와 페이스북 같은 소셜 미디어를 만나 전체 광고비의 절반 이상을 차지하게 되었다. 아울러 인플루언서들이 기업의 광고에 투입되기 시작하자 그들을 대행하고 관리하는 광고 회사도 등장했다. 4대 매체를 중심으로 광고를 집행하던 시장의 자리를 디지털 광고가 차지하고 그 영향력을 점점 키우고 있는 중이다.

디지털 광고가 등장하기 전, TV 방송에 광고를 걸기만 하면 매출이 오르던 시절이 있었다. 한창 광고 PD로 근무한지 6년쯤 지났을 때 오리콤의 광고 감독이 되었다. PD로 입사하여 각종 광고를 기획하다가 이제 직접 제작하게 된 것이다. 잠시 숨 돌리라고 그룹에서 미국 휴스턴에 어학 연수를 보내 주었는데, 마치고 돌아오니 오리콤 AVC(Audio-Visual Center) 영상 제작부의 광고 감독으로 발령이 나 있었다. 광고 PD 노릇은 충분히 했으니, 퇴사하고 광고 감독을 하려는 것을 눈치챈 회사가 나가지 말고 회사 안에서 감독을 하라는 무언의 메시지를 준 것이었다.

　　오리콤 본사가 있던 빌딩에서 나와 대치동 AVC로 출근

했다. 열악했다. 새로 만든 부서라서 광고 한 편을 찍으려면 모든 걸 혼자 해야 했다. 아무리 연극영화를 공부했어도 혼자 TV 광고를 만들 순 없는 노릇이었다. 주차 공간이 넓어 미국 대형 마트처럼 아무렇게나 차를 댈 수 있는 것 빼고는 마음에 드는 게 없었다. 이름만 감독이지 나를 도와줄 조감독도, 제작부장도 없었다. 보통 광고 대행사에서 광고 전략을 짜고 아이디어를 내면 영상 작업은 광고 제작사에 외주를 맡긴다. 그런데 제작비가 적거나 사정상 외주를 주기 어려우면 내게 제작 의뢰가 왔다. 내가 TV 광고를 제일 잘 찍어서가 아니라, 저예산으로 얼추 비슷한 작품을 찍으니 싼 맛에 맡기는 것이었다. 그런 건을 자체 제작이라고 불렀다. 나는 일류 프로덕션의 광고 감독이 아니라 광고 대행사에 소속된 이류 광고 감독이었다.

좋은 점도 있었다. AVC란 이름대로 회사는 영상 광고 제작에 필요한 모든 첨단 장비를 갖추고 있었다. 35mm 영화 촬영용 카메라와 소니 베타캠 비디오 카메라가 있었고, 가편집을 위한 16mm 러시 필름(Rush Film) 편집기와 영사기가 있었다. 소규모 광고를 촬영할 수 있는 스튜디오도 있었다. 당시 업계와 광고주에게 자랑할 만한 시설은 촬영 후 후반 작업시에 사용하는 최첨단 장비였다. 촬영한 영화용 필름을 비디오테이프로 전환하는 텔레시네(Telecine) 장비, 고가의 첨단 영상 편집기기인 ADO(Ampex Digital Optics) D2 장비⋯ 첨단 장비로 무장한 광고 녹음실도 있었다.

광고 대행사 내부에 TV 광고 제작의 모든 작업을 할 수 있는 시설과 장비를 갖춘 것은 최초의 일이었다. 추측하기에 광고 대행사의 원조 오리콤이 초창기 TV 광고를 회사 내부에서 제작하던 시절에 대한 향수가 남아 있던 듯하다. 물론 광고 대행사에서 광고 이외의 분야로 사업 다각화를 하는 것이 유행이라 만든 이유도 있었다. 회사는 TV 광고 외에도 홈쇼핑 광고, TV 드라마, 영화, 뮤직비디오, 멀티비전 영상물을 찍어서 수익을 내려는 의도로 거액을 투자했다.

그곳의 감독으로 투입된 사람이 나였다. 집에 갈 수 없었다. 신혼 초인데 회사에서 매일 밤을 지새웠다. 스튜디오나 편집실에서 정신없이 돌아가는 비디오테이프와 씨름했다. 편집 감독과 24시간 동안 열심히 편집하다가 둘 다 너무 피곤해서 새벽에 잠깐 잠들기도 했다. 졸다가 누가 먼저랄 것 없이 동시에 놀라며 잠에서 깬 순간, 우리 둘은 입을 벌리고 동작을 멈추었다. 잠시 눈을 붙인 동안 편집기가 혼자 돌아가서 편집한 영상을 다 지워버린 것이다. 이걸 도대체 어디 가서 이야기해야 하나? 하는 수 없이 새로운 마음으로

24시간 더 편집하는 일의 반복이었다. 어쨌든 잠도 자지 않고 열심히 만들었다.

곧 오리콤 AVC에 외주를 주면 제작비가 비싼 TV 영상 광고를 싸게 만들고, 최고는 아니지만 그럭저럭 찍는다는 소문이 퍼졌다. 광고 제작사에 외주를 주는 비용의 절반이면 만드니까 회사에서도 싫어하지 않았다. 그뿐인가? 어떤 광고를 제작해도 내수(제작비 마진)를 넉넉하게 남기니까, 정규직 사원이 아니라 아르바이트 직원 한두 명과 함께 만드니까, 빨리 만드니까, 광고주 시사에서 항상 호평을 받으니까, 감독이 대행사 출신이라 광고주 설득을 잘하니까 좋아했다. 내가 할 일은 태산 같았지만 회사 입장에서는 작업 과정이 훨씬 수월했을 것이다.

그러던 중 혹시 이런 영상도 찍을 수 있느냐는 의뢰가 들어왔다. 당시 유행이었던 노래방의 배경 영상이었다. 시범 제작으로 노래 한 편의 영상을 만들어 달라고 했다. 이류 감독처럼 일을 하긴 했지만 TV 광고 감독이라는 타이틀을 달고 있던 내게 자존심 상하는 일이었다. 하지만 이내 마음을 고쳐먹었다. '못할 것도 없지. 다 같은 영상인데. 기분 전환용으로 한 번 찍어 보자.' 가수 김세환의 노래 〈사랑하는 마음〉의 영상을 찍기로 하고, 다른 광고 작업 중 잠깐씩 짬을 내 아이디어를 냈다. '사랑하는 마음보다 더 좋은 건 없을걸, 천만번 더 들어도 기분 좋은 말, 사랑해…' 온종일 노래가 귓가를 떠나지 않았다. 스토리보드 짜는 데 부담이 없었고, 아무도 참견하지 않아 TV 광고보다 편했다. 어차피 이건 까다로운 TV 광고가 아니라 노래방 배경 영상 아닌가? 영상을 아무리 TV 광고처럼 멋지게 찍어도 누가 보겠는가? 노래방에 온 사람들의 눈은 색이 바뀌며 흐르는 노래 가사에 꽂혀 있을 텐데.

영상 제작을 끝내고 시사까지 무사히 잘 마쳤다. 그러나 일은 계속 이어지지 않았다. 노래방 영상을 이렇게 광고처럼 공들여 찍으면 제작비도 맞춰 주지 못하고, 제작 기간도 너무 오래 걸린다는 이유였다. 결국 나는 다시 TV 광고에 전념하는 일상으로 돌아갔다. 회사에서 하라면 뭐든지 만들었던 시절이었다.

요즘에는 회사에 소속된 기획자의 일이 더욱 많아지고 있다. 속도 때문이다. 인하우스 기획자는 외주를 주면 몇 날 며칠이 걸리는 일을 빠르게 해내야 한다. 업무 중 이메일이나 메신저 메시지에 바로 대답하지 않으면 공격받는다. 내가 회사 소속 감독으로 근무하던 때에도 열악한 환경이었지만, 지금은 더하다. 언제부터 우리가 빛의 속도로 일했는가? 언제부터 그렇게 하면 좋은 평가를 받기 시작했는가?

속도전을 멈출 수 없다면 속도를 늦출 필요가 있다. 지금 우리는 정해진 끝을 향해 무한 질주하는 기관차다. 소모전은 곧 소모된다. 잠시 비난을 받더라도 잠깐 숨을 돌리고 정리했을 때 더 좋은 아이디어를 만난 경험은 누구에게나 있지 않을까? 외주 업체나 프리랜서와 일할 때도 마찬가지다. 마감일이 예산과 생산성에 관련이 있으므로 무조건 마감 시간을 맞추어야 한다는 생각에서 잠시 멈춰 보자. 더 좋은 해결책이 나올 수 있다. 매일 마감이 늦는 카피라이터가 있었다. 왜 항상 시간을 지키지 못하느냐 묻자 그녀는 이렇게 대답했다. "한 번 놓친 마감일은 욕 먹으면 그만이지만, 한 번 놓친 퀄리티는 다시 못 찾아요." 고개를 끄덕일 수밖에 없었다.

과거에는 회의에서 해결해야 할 문제가 나오면 알아보고 이틀 후까지 답을 제시하겠다고 말할 수 있었다. 회의를 하다가 궁금한 지점이 생기면 곧바로 휴대폰을 열고, 검색하고 조사하며 서로를 다그치는 요즘에 비하면 상상할 수 없이 미련한 시대였다. 하지만 모든 아이디어는 한 번 더 생각하고 시간을 들이면 그만큼 좋아질 가능성이 생긴다. 사무

용품 브랜드인 신도리코의 카피가 생각난다. "전문가는 한
번 더 생각하고, 그만큼 앞서갑니다."

유치함이 주는 힘

산가리아 캔 커피 광고

한국 광고 시장이 외국에 개방되고 글로벌 브랜드가 국내에 본격적으로 들어오자, 뒤따라 글로벌 브랜드의 전 세계 광고를 대행하던 외국 대행사가 직접 한국에 진출하기 시작했다. 글로벌 비즈니스 경험이 별로 없었던 한국의 광고 대행사는 초긴장 상태였다. 엄청난 차원의 노하우와 성공 사례로 무장한 외국 광고 대행사에게 가만히 앉아 시장을 내 줄 수밖에 없기 때문이었다.

당시 외국 광고 대행사와 한국 광고 대행사의 큰 차이는 업무 처리 방식이었다. 외국 회사는 한국 광고 업계에서 관행으로 대충 넘어가던 업무를 변호사처럼 꼼꼼하게 챙기며 일했다. 특히 광고주와의 관계가 인상적이었다. 외국 대행사는 광고주와 갑과 을의 관계가 아니었다. 광고 전문가로서 당당하게 아이디어를 제안하고, 광고주 기업에 만연해 있는 잘못된 관행을 비평했다. 하지만 의욕적으로 한국에 진출했던 많은 외국 대행사들은 시장 안착에 성공하지 못했다. 국가가 방송 광고를 할 수 있는 대행사의 숫자를 열두 개로 정했기 때문이었다. 당연히 돈 잘 벌고 광고 많이 하는 국내 재벌 기업의 인하우스 대행사들이 거기에 속했다. 국가의 인정을 받지 못한 외국 광고 대행사들은 조용히 사라졌다. 그 영향으로 외국 광고 대행사들은 한국 내 광고 대행사가 셀 수 없이 많아진 지금도 상위권에 진입하지 못하고 있다.

외국 대행사가 한국에 자리 잡기 이전에 한국에 진출한 글로벌 브랜드들은 대개 오리콤 국제국에 광고 대행을 맡겼다. 당시 오리콤은 오래전부터 코카콜라 광고 대행을 하고 있었기 때문에, 영어를 잘하고 글로벌 광고 대행에도 잘 훈련된 스탭들이 많았다. 따라서 한국 시장에 처음 진출하려는 글로벌 브랜드들은 성공 사례가 많은 오리콤 국제국의 문을 두드렸다.

어느 날 오리콤 국제국에서 일본 캔 커피 산가리아의 TV 광고를 제작해 달라는 연락이 왔다. 일본에서 잘 팔리던 여세를 몰아 한국 시장에 처음 론칭하는데, 내게 TV 광고를 만들어 달라는 것이었다. 일본 캔 커피라면 UCC는 알지만 이건 처음 듣는 브랜드였다. 도쿄에 자주 출장을 다녔지만 한 번도 보지 못했다고 하니, 본사가 오사카라 관서 지역 시장이 더 크다고 했다. 알고 보니 파란색 병에 구슬이 들어 있는 일본판 레모네이드 라무네가 산가리아 것이었다. 한국 시장의 특성을 조사한 끝에 캔 커피로 승부를 걸려고 들어온 것이다.

캔 커피는 일본이 원조다. 1969년 세계 최초로 개발했다. 그러나 산가리아가 한국에 캔 커피를 론칭하려는 때는 이미 동서식품의 맥스웰이 한국 캔 커피의 대명사가 된 후였다. 시장 진입이 쉽지 않을 것이라는 생각을 했으나, 열심히 광고를 만들어 잘 알려 보고자 다짐했다.

다만 도저히 아이디어가 나오지 않았다. 도대체 새로 나온 산가리아 캔 커피 광고 아이디어를 어떻게 내지? 아무리 신제품이라지만, 이렇게 시상에 등장하기는 너무 열세였나. 1985년 출시하여 이미 90%가 넘는 시장 점유율로 장기 캠페인을 하고 있던 맥스웰 캔 커피와는 감히 비교할 수 없었다. 테이스터스 초이스도 어렵다는 한국 시장에 무사히 입성하여 한 자리를 차지하고 있었다. 광고의 콘셉트를 정하기 위해 우선 차별화 포인트인 USP(Unique Selling Proposition)를 찾아야 했다. 자나 깨나 제품을 연구했다. 그러나 캔 커피를 이리저리 돌려 보고, 거꾸로 뒤집어 보고, 계속 맛을 보아도 기존 제품들과 차별화할 것이 없었다. 그래도 무언가 다른 특징을 억지로라도 찾아내야 했다. 지구상의 모든 제품이 다 좋아진 시대에 사는 광고인들의 숙명이다. 맛있다고 해야 하나? 일본에서 왔다고 해야 하나? 드셔 보시라 해야 하나?

아이디어를 정리해 광고주에게 몇 가지 안을 제시했다. 특별한 아이디어를 내기 위해 고민했던 시간이 무색하게, 정작 일본 광고주에게 승인받은 아이디어는 젊은이들이 대거 등장하여 여행을 가고 파티하는 모습을 담은 단순한 스토리였다. 콘셉트라고 하기에 좀 약하지만, 광고를 찍어야 하는 감독의 입장이니 긍정적으로 생각했다.

며칠 동안 감독의 의도를 정리해 스토리보드를 짰다. 우선 15초 안에 제품명을 기억할 수 있도록 카피를 구성했다. 신제품 광고는 소비자에게 제품 이름을 기억시키는 것이 가장 중요하다. 아무리 재미있는 스토리를 짰더라도 소비자가 이름을 기억하지 못하면 헛수고다. 광고에서 제품명을 무한정 외칠 수 없었기 때문에 "산, 산, 산가리아~!"라는 카피를 반복하는 방법을 썼다. 특별히 카피에 경쾌한 멜로디를 붙여 분위기를 떠들썩하게 만들었다.

신제품 광고인 만큼 좀 유치해도 최대한 즐겁고, 파티

같은 분위기를 표현하고자 했다. 그래서 촬영 감독에게 춤추고 움직이는 모델들을 따라다니며 찍도록 요청했다. 보통 촬영할 때는 화면이 흔들리지 않도록 카메라를 삼각대에 고정한다. 하지만 이 광고는 처음부터 끝까지 흔들거리는 화면으로 찍었다. 처음에는 촬영 감독이 카메라를 과도하게 움직이면 초점이 맞지 않는다며 거부했다. 그때는 거대한 35mm 필름 카메라를 사용했기 때문에 웬만한 장정이 아니면 들고 찍기도 어려웠다. 하지만 초점이 맞지 않아도 상관 없으니 움직이며 찍으면 좋겠다고 우겼다. 다행히 촬영 감독이 훌륭하게 찍어 주었다. 카메라를 한 대 부수어 버리더라도 허공에 던졌다가 떨어뜨리며 찍을 생각도 했지만, 돈이 너무 많이 들어 실행은 하지 못했다.

특별히 무대 세트는 짓지 않았다. 대규모 세트 제작비를 들일 돈이 없어서 그런 것도 있지만, 텅 빈 무대에서 두세 시간 동안 이야기를 끌어 가는 연극 〈고도를 기다리며〉를 생각하니 세트 없이 진행해 보고 싶은 마음이 들었다. 대신 모델보다 큰 초대형 캔 제품을 만들어 배경에 세웠고, 썰렁한 배경은 모델들의 현란한 움직임으로 가렸다. 또 젊은 모델들을 기용해서 생동감을 주었다. 세트비를 절약하고 촬영 시간도 줄여, 넉넉하지 않은 제작비를 거의 모델료로 썼다. 유명 모델을 기용하는 경쟁 광고들과 차별화하기 위해 숫자로 승부를 건 전략이었다.

무사히 제작을 마치고 광고주 시사 날이 다가왔다. 스피커 볼륨을 한껏 올리고 광고를 틀었다. 긴장되는 순간, TV 모니터로 빠져 들어갈 것처럼 열심히 보던 광고주는 아무 반응을 보이지 않았다. 그러더니 다시 한 번 틀어 달라고 했다. 역시 반응이 없었다. 원래 모든 광고 시사회는 조용하다. 가장 높은 사람이 이야기할 때까지 아무도 이야기하지 않는다. 처음부터 다시 찍으라고 할까 봐 극도로 불안했다.

적막을 깬 사장의 한 마디가 회의실에 울려 퍼졌다. "잘 찍었어요. 괜찮게 나왔어요!" 오만가지 생각에 잔뜩 긴장했던 마음이 풀어졌다. 그런데 이어지는 말이, 다음엔 좀 더 잘 찍어 달라고 했다. 내가 만든 광고가 너무 깔끔하고 고급스럽다는 것이었다. 더 촌스럽고, 더 떠들썩해야 했다는 의미였다. 안도의 한숨을 쉬며 의연한 척 앉아 있던 나는 웃으면서 속으로 생각했다. '돈을 써서 광고를 더 멋지게 만들어야 치열한 시장에 강한 인상을 주며 진입하지. 한국 시장을 잘 모르는군.'

다음 달, 다른 일로 일본 도쿄에 출장을 갔다. 호텔 방에서 일본 TV 광고들을 열심히 보던 밤, 산가리아 사장이 했던 말이 떠올랐다. 그제서야 사장의 말이 이해가 되었다. 사장이 맞았다. 더 유치하게 만들었어야 했다. 그는 브랜드도 많고 TV 방송 채널도 많은 일본에서 제품을 홍보해 본 경험으로 어떻게 해야 확실하게 차별화할 수 있는지 알고 있었다. 내가 만든 광고는 그럭저럭 괜찮았지만, 파괴력은 없었다. 뒤통수를 한 대 크게 맞았다.

당시 겉멋이 잔뜩 들었던 나는 TV 광고를 멋지고 예쁘게 만드는 데만 온 신경을 쓰고 있었다. 영화 〈나인 하프 위크〉의 꿈결 같은 영상을 따라 찍고, 헤네시 꼬냑 광고의 몽환적인 영상을 따라 찍고, 모델 의상은 일본 잡지 〈논노〉를 보고 따라 했다. 하지만 그때나 지금이나 광고는 개인의 예술 작품이 아니다. 브랜드 빌딩(Brand Building)을 돕는 수단이다. 전략이나 마케팅 같은 건 모른다면서 광고를 멋지게만 만들려는 크리에이터는 "광고로 자기 예술 하나?"라는 놀림을 받곤 한다. 광고비는 기업의 돈이다. 물론 예술 작품처럼 멋 부려도 좋다. 하지만 그전에 소비자의 관심부터 끌어야 한다는 걸 배웠다. 좀 유치해도 말이다.

진한 위스키에 담긴 노래

베리나인 골드 위스키 광고

요즘은 싱글 몰트(Single Malt) 위스키가 인기다. 뭐든지 고급을 좋아하는 한국인들은 커피 원두도 싱글 오리진을 즐겨 찾는다. 본토에서 온 12년산 스카치위스키에는 눈길도 주지 않는다. 몰트 위스키와 그레인(Grain) 위스키를 절묘하게 섞은 블렌디드(Blended) 위스키는 무시하는 것이다. 최근 갑자기 유명해진 발베니 30년산 위스키는 병당 이백만 원이 넘는다. 위스키 원산지 스코틀랜드와 아일랜드 사람들은 한국 애주가들에게 밀려서 가장 싼 참이슬급 블렌디드 위스키에 만족하며 살고 있을지도 모르는 일이다.

1990년 한국의 위스키는 대개 물 탄 위스키였다. 그러자 적어도 위스키 원액이 20% 이상 이어야만 진정한 위스키로 인정하고, 원액 함량이 19.9%인 위스키는 '기타재제주'라는 이름으로 분류하는 법이 제정되었다. 기타재제주는 법이 인정하는 위스키보다 원액을 덜 넣어 세금을 적게 내니까 당연히 가격도 쌌다. 양주를 좋아하는 애주가들은 낮은 가격에 위스키를 즐길 수 있다며 좋아했다. 그러다가 더 좋은 것을 찾는 소비자의 요구에 맞추어 원액 함량 30% 이상의 위스키가 등장했다. 당시 주세법은 원액이 30% 들어 있으면 1급 위스키로 분류했다.

사실 위스키 마실 때 원액 함량의 차이를 아는 사람이 있었을까? 고구마나 옥수수로 만든 주정에 물 타서 만든 희석식 소주가 아닌 고급 술을 마신다는 기분도 중요했을 것이다. 아시안 게임과 올림픽을 준비하면서 드디어 한국에도 100% 스카치위스키가 등장했다. OB씨그램의 패스포트, 썸싱스페셜과 진로의 길벗 로얄이 100% 스카치위스키였다. 위스키 원액을 수입해 국내에서 병에 담기만 한 100% 스카치위스키는 당시 애주가들의 인기를 독차지했다.

OB씨그램은 한국의 OB(동양맥주)와 캐나다의 씨그램(Seagram)이 만나 만든 회사다. 베리나인 골드(Valley 9 Gold)는 이미 나와 있던 '베리나인'에 '골드'를 붙인 신제품이었다. 제품명에 '골드'를 붙이면 프리미엄이 되는 한국식 작명법이다. 광고의 콘셉트는 명확했다. 베리나인은 원액 함량이 30%였다. 곧 원액 30%의 국산 위스키와 100% 원액으로 만든 스카치위스키의 경쟁이 벌어질 텐데, 그동안 정들었던 30% 원액의 국산 위스키를 잊지 말아 달라는 내용이었다. 가장 잘 팔리던 1급 위스키와 시장에 새로운 질서를 만들 본토 위스키를 모두 살려야 했던 OB씨그램의 해결책이었다.

'오랜 친구'라는 콘셉트를 살려 스토리를 짜기로 했다. 어느 날 문득 떠오른 아이디어가 합창반이었다. 중년의 친구들이 모임을 갖고 있다. 오랜만에 만난 친구들은 서로 위스키를 권하며 노래를 부른다. 중학교 때 배운 〈매기의 추억(When You and I Were Young, Maggie)〉이다. 노래하는 장면 사이에 까까머리 중학생들이 합창 연습을 하던 흑백 화면을 회상 장면으로 넣었다. 이 아저씨들이 중학교 때 합창단원이었다는 설정이었다. 중년의 친구들은 현재와 과거를 오가며 우정을 확인한다. 숨은 뜻은 카피에 나온다. "오랜 세월 쌓아온 변함없는 우정. 우리는 언제나 골드 친구. 베리나인 골드."

지금이라면 사치였을 테지만, 30초 광고의 3분의 2를 노래 부르는 장면으로 썼다. 자칫 지루해지는 것을 방지하기 위해 병렬 편집도 활용했다. 현재와 과거 회상 장면을 잘 섞으면 시청자가 이야기를 이해하기 위해 주의를 기울이므로 광고에 몰입시키기 유리하다. '크로스 커팅(Cross cutting)'이라고도 부르는, 스토리의 긴장과 서스펜스를 만드는 고전적 기법이다. 술 마시며 노래하는 현재와 중학교 합창단 시절의 과거를 적절히 섞어 편집했다.

그런데 노래의 저작권 승인에 문제가 생겼다. 원래는 윤용하 작곡, 박화목 작사의 가곡 〈보리밭〉을 사용하고 싶었으나 후손들이 허락하지 않았다. 보리가 위스키의 원료니까 제품과 연관성도 있어 좋은 아이디어라 생각했는데 쓸 수 없었다. 궁리 끝에 외국 가곡을 쓰기로 하고 한국의 중년에게 익숙한 〈매기의 추억〉을 골랐다. 이번에는 원곡 가사를 번안한 작사가를 찾아야 했다. 여기저기 수소문했으나 찾지 못해 그룹의 변호사를 찾아갔다. 그도 해결책을 몰랐다. 저작권 보호에 관한 개념이 희박했던 시절이었다. 해결책은 적어도 신문 하나에 공탁금을 준비하고 있다는 공고를 내는 것이었다. 매체 팀에 일간지의 가장 작고 싼 광고 지면을 사 달라고 부탁했다. 저작권을 무시하고 광고에 음악을 사용하는 것이 아니니, 혹시 저작권을 가진 사람은 연락해 달라는 내용이었다. 저작권료 가사 개사 비용도 준비했지만 광고 방영이 끝날 때까지 아무에게도 연락이 오지 않았다.

90년대 초까지는 인터넷도 없어, 외국의 자료를 살짝 사용해도 쉽게 알지 못했다. 부끄러운 일이지만 알게 모르게 무단으로 사용하는 경우도 종종 있었다. 저작권이 엄격해진 요즘이라면 저작권 문제를 해결하지 않고 TV 광고를 진행하는 것은 있을 수 없는 일이다. 그러나 SNS가 활발해지면서 온라인상 저작권 이슈는 끊이지 않는다. 유명 연예인, 방송 장면, 기사 등을 무단으로 도용해 카드뉴스를 만드는 일이 비일비재하다. 인공지능을 활용한 광고의 저작권도 문제다. 인공지능의 도움으로 광고의 콘셉트나 카피, 이미지, 영상을 손쉽게 만들며 기뻐하지만, 결국 누군가가 이미 만들어 발표한 것들을 불러다 쓰고 있는 것이기 때문이다. 원저작자에게 미안해서 '오마주'라든지 '패러디', '헌정'이라는 뜻의 '트리뷰트(Tribute)' 같은 용어를 앞세워 저작권을 피해 가는 일도 비겁한 일이다. 모든 기획자와 크리에이터들은 세상의 좋은 아이디어를 알아보는 눈을 가진 전문가다. 다른 이의 아이디어를 도용하려는 유혹에서 벗어나야 한다.

모두가 사랑하는
광고의 비밀

S.C.존슨 레이드 광고

'존슨'이라고 하면 떠오르는 회사가 있다. 존슨앤존슨(John-son&Johnson)과 S.C.존슨이다. 미국의 제약 바이오 기업 존슨앤존슨은 제약 분야 기업 가치 세계 2위를 차지하고 있다. 일회용 반창고의 대명사 밴드에이드, 아큐브 렌즈, 타이레놀 등 유명한 브랜드를 많이 만든다. 분홍색 플라스틱 병에 든 아기용 존슨즈베이비 로션을 바르지 않고 자란 세대는 없을 것이다.

존슨앤존슨에 비해 유명세가 덜했던 S.C.존슨은 바퀴벌레 약 레이드, 방향제 그레이드, 가구 광택제 프레지, 지퍼백 집락 등의 제품을 파는 기업이었다. 1980년대 말, 한국 시장에 들어온 S.C.존슨은 자리를 확고하게 잡기 위해 공격적인 마케팅을 펼쳤다. 담당 PD였던 나는 S.C.존슨의 거의 모든 TV 광고를 도맡았다.

당시 외국인, 특히 서양 광고주들은 대개 소비자 조사를 맹신했다. 소비자들은 유치하고 직관적인 아이디어를 좋아했기 때문에, 내 마음에 들지 않는 아이디어가 선정되는 일도 많았다. 의견을 피력해 보아도 보이는 것만 믿으려 하는 사람들을 이길 수는 없었다. 그 와중에 뭐라도 포인트를 주기 위해 음악을 슬쩍 바꾸었다가 호평을 받고 으쓱해지기도 했다.

한 번은 바퀴벌레 퇴치제 레이드 광고를 만들었다. 스토리보드를 만들기 위해 밤새 애니메이션 영화를 수도 없이 보고 바퀴벌레를 그렸다. '습격하다'라는 뜻인 영어 단어 '레이드(Raid)'를 표현하려고 전쟁 장면을 재현하고, 탱크와 돌격대의 기습에 꼼짝없이 당하는 바퀴벌레도 그렸다. 그러나 S.C.존슨의 외국인 광고주에게 아이디어를 제안하는 족족 거절당했다. 오기가 발동하여 하루에 열 개씩 아이디어를 제시했다. 당시 그린 바퀴벌레가 모두 몇 마리였을까? 지금도 바퀴벌레는 눈 감고도 그릴 수 있다.

처음에는 내가 영어를 못해서 아이디어를 제대로 팔지 못하는 줄 알았다. 사실 영어를 잘 못했다. 내가 상상한 실감 나는 장면이 머릿속에는 있는데 그것을 영어로 생생하게 전달할 수 없었다. 당시 나의 핸디캡은 두 가지, 아이디어를 잘 못 낸다는 것과 영어를 못한다는 것이었다. 도대체 이렇게 좋은 아이디어를 왜 사지 않는 걸까? 가지고 가면 거절 당하는 아이디어를 매일 들이대며 저돌적으로 덤벼들었다. 정식 회의 시간 외에도 거의 매일 찾아가 단어만 이어 가는 정도의 영어 실력으로 열심히 스토리보드를 설명했다.

어느 날, 외국인 광고주와 커다란 사무실에 단둘이 앉을 기회가 있었다. 그날 따라 편안해 보이던 표정의 그는 왜 내 아이디어가 안 되는지 차근차근 설명해 주었다. "뒤통수를 칠 정도로 강력한 아이디어가 필요하다. 그걸 먼저 내고 여러 가지로 변주를 하는 것이 좋다."라는 이야기였다. 광고가 성공하려면 아이디어 자체가 강력해야 하는데, 나는 어떻게 해서든지 아이디어를 많이 제시하기 위해 같은 아이디어의 상황과 스토리만 바꾼 변주를 잔뜩 가져온다는 것이었다. A안이 답답한 사무실 환경에서 벗어나고 싶은 주인공의 이야기라면 B안은 주인공이 신선함을 느끼기 위해 한강변을 달리는 이야기, C안은 영화관에서 영화에 빠져드는 주인공 이야기로 구성한다는 말이었다. 하루에 열 개의 스토리보드를 그려도 결국 한 개의 아이디어였던 셈이다. 왜 내가 내는 아이디어마다 거절했는지 알게 되었다. 웬만한 아이디어는 S.C.존슨의 눈에 들 수 없었다.

수도 없는 제안 끝에 아이디어 하나가 선정되었다. 엄마가 바퀴벌레를 무서워하는 딸에게 마트에서 사 온 레이드를 보여 주며 이제 무서워할 필요 없다고 말해 주는 스토리였다. 강력한 아이디어가 있어야 한다면서, 최종 선정된 아이디어의 다소 평범한 스토리에 처음에는 실망스러웠다. 그런데 광고가 나간 후 제품이 잘 팔렸다고 칭찬을 받았다. 뻔한 스토리인데 왜 제품이 잘 팔렸을까? 무엇이 강력한 아이디어였을까? 레이드 광고의 성공 요인은 바퀴벌레를 보기만 해도 소름끼치는 소비자의 마음을 잘 파악한 점이었다. '소름끼친다'라는 감정 자체의 강력한 힘을 살리니 평범해 보이던 스토리도 강력한 아이디어가 된 것이다.

광고는 결코 나의 뛰어난 감각과 재능을 보여 주는 개인기 자랑이 아니다. 광고 아이디어를 기획하는 일은 늘 '입장을 바꿔 생각하는 일'이다. 나의 아내는 연애할 때 포장마차의 해삼을 잘 먹었다. 내가 좋아하는 음식을 함께 즐길 수 있는 것이 내심 기뻐 씹을수록 고소하지 않느냐고 묻기도 했다. 그런데 결혼하자마자 그동안 아내가 징그러운 해삼을 나 때문에 먹은 사실을 알게 되었다. 내가 좋아하니 함께 먹어 주었던 것이다.

소비자에게 사랑 받는 광고를 만들고 싶은가? 기획자가 아니라 소비자가 사랑할 광고를 구상해 보자. 머리로는 알지만, 막상 현업에서 기획을 할 때는 자기 이야기만 늘어놓기 쉽다. 그 반대로 해야 성공 확률이 높아진다. 내 취향을 잘 알아주고 내가 좋아하는 것을 함께 좋아해 주는 상대에게 호감이 생기는 것은 우리의 본능이니까.

○○다울 필요 없다

패스포트 위스키 광고

OB씨그램의 100% 정통 위스키 패스포트 광고 제작 준비가 한창일 때였다. 오리콤 사무실에 단발머리의 서양 친구가 찾아와 두리번거렸다. 누구냐고 묻자 자신은 글로벌 광고 대행사 오길비 홍콩의 크리에이티브 디렉터이며, 위스키 광고 아이디어 프레젠테이션을 하러 왔다고 했다. 오길비? 크리에이티브 디렉터? 패스포트 광고는 내가 담당이었다. 자초지종을 물으니 길 잃은 나그네가 아니라 바로 나를 잡으러 온 사람이었다. 광고주가 고분고분하지 않고 고집만 부리던 우리 팀을 슬쩍 빼고, 이번 광고 제작에 해외 용병을 쓴 것이다.

엄연히 내가 담당자인데 갑자기 다른 나라에서 온 사람이 내 프로젝트를 광고주에게 발표한다니, 어떻게 된 일이냐고 OB씨그램에 따졌다. 그랬더니 이번 프로젝트만 홍콩 오길비와 함께 작업하라라며 나를 달랬다. 홍콩의 크리에이티브 디렉터 그래엄은 OB씨그램의 대형 회의실에 근엄하게 앉은 중역들 앞에서 준비해 온 스토리보드를 펼쳤다. 제일 먼저 놀란 사람은 나였다. 한 프레임의 크기가 우리 것의 두 배가 넘는, 엄청난 크기의 스토리보드였다. 보기가 좋으니 아이디어를 설명하기도 편리했다. 그래엄은 약간 어눌한 듯하면서도 차분하게 아이디어를 설명했다. 모두들 끄덕이는 분위기였다. 프레젠테이션에 들어가기 전에 내게 몇 가지 질문을 했는데, 내가 알려 준 대답을 잘 섞어서 마치 한국 전문가처럼 유창하게 말했다. 단칼에 진행하라는 대답을 받았다.

내가 보기에 그의 아이디어는 제품과 전혀 관계가 없었다. 아이디어는 단순했다. 첫 장면부터 끝 장면까지 한국의 멋진 모습들을 하나씩 소개하는 것이었다. 스토리보드는 설악산 대청봉에서 본 일출 장면, 도자기 장인이 도자기를 굽는 모습, 전통 혼례를 치르는 신부, 도담삼봉, 곶감 만드는 장면 등을 담았다. 그러다가 마지막에 "언제나 한결같은 모습. 좋은 것은 변함이 없습니다. 늘 우리 곁에 있는 100% 스카치위스키 – 패스포트"라는 카피가 흐른다.

처음 그의 아이디어를 듣고 난 후의 감상은 '위스키 광고 아이디어 맞아?'였다. 막걸리 광고면 몰라도, 위스키 광고에서 한국의 전통적인 모습을 보여 준다는 것이 이해가 되지 않았다. 위스키 광고는 위스키다움이 들어 있어야 성공한다고 배웠는데, 제품과의 연관성도 느껴지지 않았다. 연관성을 조금이라도 높이기 위해 카피를 최대한 자세하게 쓰자는 의견을 냈다. 특히 마지막의 '100% 스카치위스키'는 꼭 필요했다. 위스키 원액 함량이 100%인 특급 위스키라는 점이 포인트인데, 영상에서 설명하지 못하니 카피에서라도 설명해 주어야 했다.

그래엄의 아이디어를 카메라에 담기 위해 전국을 돌며 촬영을 했다. 광고 첫 장면에 나오는 일출은 설악산 대청봉에서 찍었다. 무거운 영화 촬영용 35mm 카메라와 배터리, 필름 캔, 역시 무거운 삼각대를 여럿이 나누어 어깨에 지고 올라가야 했다. 험난한 길이 예상되었지만 동해안 일출을 가장 멋지게 찍을 수 있는 대청봉을 포기할 수 없었다. 약속된 촬영 전날, 설악산 초입에서 4시간 올라가면 있는 산장에 도착했다. 그곳에서 일출 시간까지 밤을 새웠다. 자칫 잠들었다가 일출 시간을 놓치면 계속 산장에서 대기해야 했다. 제시간에 일어나도 날이 흐리면 찍을 수 없다고 했는데, 다행히 날이 좋아 찍는 데 성공했다. 너무 기쁜 나머지 정신없이 내려오다가 다리가 풀리기도 했다.

시간이 없었다. 곧이어 감을 깎아 곶감 만드는 장면을 찍기 위해 부지런히 경남 산청으로 갔다. 고성으로 가서 그물 손질하는 어부를 찍고, 충북 단양에 가서 도담삼봉을 찍었다. 경기도 이천에서 도예가의 작업 장면을 찍고, 민속촌에서 전통 혼례를 치르는 신부 장면을 찍었다.

인터넷도 없던 시절에 홍콩 사람이 어디서 이렇게 한국의 비경을 잘 찾았는지 궁금증이 일어 그래엄에게 넌지시 물었더니 회사 자료실의 사진집을 참고했다고 했다. 어쨌든 광고주 시사도 문제 없이 잘 마치고, 방송에도 무사히 방영되었다. 광고 방송이 나간 후 위스키 광고에 한국의 풍경이 나온 것이 인상적이라 기억에 남았다는 평을 많이 들었다.

어느 날 홍콩에서 예고 없이 불쑥 찾아온 적 같은 동료에게 한 수 배웠다. 위스키 광고를 꼭 위스키 광고처럼 만들 필요가 없다는 것을, 위스키 광고에 반드시 '위스키다움'이 들어갈 필요는 없다는 것을. 물론 제품의 정체성을 살려 위스키 광고를 위스키 광고답게, 라면 광고를 라면 광고답게 만드는 것은 광고 기획의 기본이다. 하지만 기본에 얽매여서는 안된다. 때로 기본을 벗어나는 아이디어가 필요하다면 망설일 필요 없다. 아이디어 세계에서 '여성다움, 군인다움, 학생다움,

76   1장 ㅣ 기획자의 광고 제작 노트

회사원다움' 같은 것들을 경계하자. 누군가 편의상 만들어 놓은 틀에서 벗어나자. 붕어빵 틀에 반죽을 넣으면 붕어빵이 나올 뿐이다.

뭐든지 변수가 문제

광고인으로 일하면 좋은 것이 있다. 광고를 촬영하기 위해 전 세계를 다닐 수 있다는 점이다. 실제 촬영을 시작하기 전에 광고 장면에 적당한 장소를 물색하기 위해 로케이션 헌팅을 다닐 수도 있다. 물론 단순히 여행하러 가는 것과는 다르다. 그 장소가 카메라에 담겼을 때 어떤 미학적 즐거움을 줄 수 있을지 치밀하게 따져 보아야 한다. 광선 조건이 어떤지도 알아야 하고, 어떤 방식과 절차를 통해 촬영 허가를 얻을 수 있는지도 미리 알아야 한다. 하지만 심각한 주제로 회의만 하거나, 치열한 영업과 로비를 통해 외국에서 일감을 얻어 오는 일보다는 어렵지 않다. 틈틈이 새롭고 이국적인 경험을 할 수도 있으니, 직업이 주는 장점인 셈이다.

어느 해, 동원 참치 광고 제작을 맡아 미국령 괌에 참치 광고를 찍으러 갔다. 나의 미션은 참치 광고에 사용할 펄떡 펄떡 뛰는 참치를 찍어 오는 것이었다. 태평양에 가서 참치를 직접 잡아 오라는 것도 아니고, 카메라에 담아 오면 되는 숙제니 식은 죽 먹기였다. 속으로 쾌재를 불렀다. 연일 이어지던 밤샘 촬영에서 벗어나 잠시 휴식도 할 겸 떠나기로 했다. 어차피 광고에 짧게 들어갈 장면으로 쓸 것이라 35mm 영화 필름으로 찍을 필요도 없어 간편한 비디오 카메라로 찍을 생각이었다. 감독 입장에서는 부담이 별로 없었다.

광고주 기업 마케팅 담당자, 촬영 팀과 함께 괌으로 출발했다. 유명 연예인을 모델로 기용하면 바쁜 스케줄에 촬영 일정을 잡는 것이 일인데, 참치는 소속사도 없고 특별히 촬영 시간을 정할 필요도 없으니 편했다. 괌에 도착해 한숨 돌린 후, 참치를 만나기 위해 참치잡이 배로 향했다. 선장이 반갑게 맞아 주었다. 참치잡이 배는 보통 한 번 나가면 6개월 이상 운항하는데, 이번에는 특별히 우리 촬영 팀을 위해 일정을 조정했다고 했다. 선장이 참치 떼의 구체적인 위치를 파악하기 위해 헬리콥터를 탈 때, 우리 촬영팀도 함께 헬리콥터를 타고 이동하기로 했다. 태평양 한가운데서 모처럼 헬리콥터 촬영을 할 생각에 가슴이 두근거렸다.

그런데 참치 떼를 만날 수가 없었다. 다국적 선원들과 밥 먹고, 기다리고, 다시 밥 먹고, 다시 기다리는 생활의 반복이었다. 하릴없이 갑판에 앉아 선원들이 이전에 잡은 참치를 갈무리하는 모습을 지켜보았다. 며칠이 지나도 끝내 참치는 나오지 않았다. 참치와 모델 계약서도 쓰지 않았고, 촬영 일정을 약속하지도 않았으니 누구에게 불평할 수도 없었다. 결국 촬영을 포기하고 참치를 찍지 못한 채로 귀국했다. 광고주 책임자가 동행했기에 의사 결정 과정이 수월했다는 것이 그나마 다행이었다.

세상 모든 일에는 변수가 생기기 마련이다. 요즘처럼 정보의 생산과 공유가 빠른 시대는 아침까지 알고 있던 것들이 저녁에 바뀌어 버린다. 매번 일을 시작하기 전에 예상 가능한 모든 부분을 꼼꼼히 준비해도 계산대로 되지 않는 일은 반드시 생긴다. 어쩌겠는가? 옷에 와인을 쏟았다고 당황하지 말고, 그걸로 무엇을 할 수 있을지 생각하자. 흰 셔츠도 좋지만 와인색 셔츠도 하나쯤 필요하다고 생각하는 것이다. 변수가 생겼을 때 너무 자책하거나 스트레스 받지 말자. 변할 수 있어서 변수다. 그걸 인정하고 다음 아이디어를 내면 된다. 더 좋은 생각이 튀어나올 수도 있다. 변수를 두려워하지 말고 나에게 유리한 방향으로 틀어서 활용하자. 내 힘으로 어쩔 수 없는 돌발 상황은 즐기는 여유를 가져 보자.

인생에도 영양에도
균형이 필요해

네슬레 세레락 이유식 광고

세레락은 네슬레가 출시한 아기 이유식 브랜드다. 세레락 광고의 아이디어는 명쾌했다. 아기에게는 균형 잡힌 영양이 필요하다는 것. 콘셉트를 한 단어로 표현하면 '균형'이다.

젊은 아기 아빠가 거실에서 피아노를 치고 있다. 아기를 안은 엄마가 등장한다. 아기도 피아노를 치고 싶어 하자 치게 해 준다. 아빠가 연주하던 감미로운 음악이 갑자기 쿵쾅거리는 소리로 변한다. 아기가 피아노 건반을 난타한 것이다. 부드러운 목소리의 성우가 재빨리 들어와, 음악에 균형이 필요하듯 아기의 영양에도 균형이 필요하다고 이야기한다. 소고기, 콩, 바나나, 당근, 녹색 채소가 가득한 바구니와 균형 잡으며 저울에 앉아 있는 아기가 보인다. 바구니 속 재료들이 이유식 캔으로 날아가고 마지막으로 로고가 나온다.

'영양의 균형'을 균형 있는 음악에 빗대어 표현한 점은 좋았다. 영상 광고는 오디오가 절반일 정도로 멋진 영상과 멋진 음악은 친구다. 감동적인 영상을 만들고 싶다면 항상 오디오도 함께 신경 써야 한다. 광고의 첫 장면부터 감미로운 모차르트 피아노 협주곡을 사용했다. 영양의 균형이 깨지면 좋지 않다는 것을 구구절절 말로 설명하기보다 견디기 힘든 소음으로 표현해 시청자들이 광고의 의미를 직관적으로 느낄 수 있게 한 연출이었다. 조용하고 감미로운 음악이 갑자기 불협화음으로 바뀌면서 청각적인 반전도 자연스럽게 설정됐다. 광고의 스토리텔링도 잘 된 셈이었다.

단, 저울에 아기와 재료 바구니를 달아 균형을 표현한 장면이 마음에 걸렸다. 처음에는 너무 구체적으로 설명하는 장면이니 빼자고 주장했다. 그러나 이 장면으로 다른 나라에서 광고 효과를 보았다는 본사 임원의 강력한 주장과 소비자 조사 결과에 따르기로 했다. 특히 다른 나라 시장에서 효과를 본 표현은 이길 수 없었다. 검증받은 연출이 있는데 굳이 왜 새로운 길을 가야 하냐는 논리였다.

이미 효과를 본 연출을 그대로 사용하는 것이 안전할 수 있다. 더욱이 광고는 자신의 예술성을 표현하는 매체가 아니라 소비자들에게 제품의 효과를 가장 인상적으로, 오래 생각나도록 해야 하는 매체다. 그렇지만 광고에도 시기와 장소, 트렌드에 따라 조금씩 변형하거나 새로운 연출을 하려는 시도는 필요하다. 예를 들어, 세제 광고는 세제의 강력한 효력으로 옷의 얼룩과 때가 쏙쏙 분해되는 장면이 필수 요소다. 다만 물속에서 빨랫감의 때가 분해되는 모습을 실제 카메라로 포착해 보여 주기는 어렵다. 그래서 보통 세제 광고는 그래픽 효과를 통해 빨래의 때가 분해되는 것을 보여 준다. 내가 광고 감독을 맡던 시절에는 아직 컴퓨터그래픽이 없어 애니메이션으로 표현하곤 했다. 나는 애니메이션 표현은 과장이라 소비자가 믿지 않을 확률이 높다고 주장했다. 그때마다 글로벌 브랜드의 마케팅 디렉터들은 내게 물었다. "어느 쪽이 소비자 조사 결과가 더 좋게 나오겠는가?" 물론 애니메이션 표현은 이미 소비자의 반응이 검증되었고, 실제 영상은 검증되지 않았으니 애니메이션 표현이 더 안전한 길이었다. 그래도 실사로 찍을 수만 있다면 찍어서 보여 주는 것이 소비자를 사로잡을 수 있을 것이라고 주장했지만, 받아들여지지 않았다.

소비자의 마음은 움직인다. 소비자 조사 결과와 소비자 행동은 반드시 일치하지 않는다. 오히려 최근 연구에서는 소비자가 물건을 살 때 비이성적으로 행동한다는 이야기가 많다. 소비자는 소비자 조사에서 대답한 대로 구매하지 않는다. 인터뷰에서는 일본은 좋아하지 않는다고 하지만, 일본제 물건은 많이 산다. 소비자는 자기가 좋은 것을 산다. 소비자 마음이다.

새로운 연출에 소비자의 마음이 활짝 열렸을지도 모르 건만, 세제 광고에서도 이유식 광고에서도 새로운 연출을 하자는 나의 의견은 통과되지 못했다. 그러면 뭐 어떠랴! 한 번 주장해 본 것으로 되었다고 생각했다. 뭘 모르는 사람들이 고집만 세다며 속으로 툴툴거리기도 했다. 지금 생각해보면 광고주 입장에서 큰돈 들이는 광고에 성공할지 실패할지 모르는 도전을 하기는 어려웠을 것이다.

이후 세레락 이유식 광고는 심의에 걸려 한바탕 소동을 치른 후에 방영되었다. 심의실에서 모든 TV 광고를 사전 심의하던 시절이었다. 심의에 걸린 것은 제품 안으로 날아 들어가는 이유식 재료 장면이었다. 심의실에서는 제품에 표기된 함량만큼을 시각적으로 표현하라고 했다. 소고기가 들어있어도 소 한 마리가 통째로 들어가는 것은 아닐 테니, 소를 보여 주려면 손톱 크기보다 더 작게 그리라는 것이었다. 몇번의 재심사 판정을 거치며 결국 방송 일정까지 늦춰졌다.

오기가 발동해 몇 주 동안 수십 번을 고치며 심의실을 들락날락했다. 국장은 내가 가면 피하거나 그림처럼 가만히 앉아 오가는 창밖의 자동차들을 관찰하곤 했다. 나는 갈 때마다 심의실을 뒤집을 정도의 큰 소리로 소리치는 연습을 했다. 이거 해결하고 회사 관두자는 마음으로 심의실과 싸웠다. 한 번 깡패 노릇을 하니 그것도 할만 했다. 어차피 마지막에 통과되어도 소 그림은 새끼손가락의 손톱만 해질 테니 두려울 것도 없었다. 결국 이미지 크기를 줄이고, 함량 수치를 작게 표기하는 것으로 마무리되었다. 회사를 그만두는 일은 없었다. 다행이다.

인생의 색을 보여 줘

코닥 필름 광고

"필름이 뭐예요?"

요즘 사람들, 그러니까 세상에 필름 카메라가 존재했다는 사실을 모르는 사람들을 '디지털 원주민(Digital Natives)'이라고 부른다. 태어날 때부터 디지털과 살고 있다는 뜻이다. 굳이 디지털이란 말을 붙일 필요도 없다. 나처럼 디지털 카메라 이전에 필름 카메라가 있었다는 사실을 아는 사람은 '디지털 이민자(Digital Immigrants)'라고 분류한다. 필름 나라에서 디지털 나라로 이민 온 사람들을 이르는 말이다. 희소성을 중시하는 일부 젊은이들이 필름 카메라를 쓰기는 하지만, 실제로 필름 카메라를 사용하기보다 스마트폰 필터를 사용해서 필름 카메라의 느낌만 내는 것이 대부분이다.

요즘 대학생들에게 코닥(Kodak)이란 의류 브랜드 이름이다. 코닥 로고를 붙인 티셔츠와 점퍼, 가방 브랜드가 여기저기에서 보인다. 그러나 코닥의 공식 명칭 이스트먼 코닥은 영화 필름을 처음 발명한 조지 이스트먼의 이름을 딴 필름 회사다. "버튼만 누르세요, 나머지는 저희가 해 드려요.(You press the button, We do the rest.)" 이것이 유명한 코닥 필름의 슬로건이었다. 필름 카메라가 처음 세상에 등장했을 때, 사용하기 어려워했던 소비자들을 안심시키려는 의도로 개발한 슬로건이었을 것이다.

디지털 카메라를 최초로 만든 기업도 코닥이다. 다만 필름의 원조 회사라 필름을 고집하다 일본의 카메라 회사에게 디지털 카메라 시장을 뺏기고 말았다. 이제 디지털 카메라의 대표 브랜드는 캐논(Canon)과 니콘(Nikon)이다. 하지만 귀찮은 것을 싫어하는 세상 사람들은 디지털 카메라는커녕, 간편한 스마트폰으로 사진과 동영상을 찍는다. 세상 모든 사람이 사진 작가와 영화 감독이 되었다.

1990년, 코닥 필름 광고를 제작했다. 당시 코닥 필름의 브랜드 콘셉트는 "순간을 함께해요, 인생을 함께해요.(Share Moment, Share Life)"였다. 참 잘 만들었다. 필름의 원조니까 품질 걱정하지 말고 쓰라는 이야기에서 한 발 더 나아가, 인생의 소중한 순간을 우리 필름으로 기록하라는 이야기를 넌지시 건네는 것이 고수의 방법이다. 실제로 코닥 필름은 많은 한국인의 소중한 순간을 기록할 수 있게 해 주었다. 아기의 탄생부터 유치원 등원 첫날, 소풍, 생일, 운동회, 졸업식, 결혼식까지. 필름 카메라로 찍어 고이 보관하다가 사진관에 인화를 부탁하고, 며칠을 기다려 인화된 사진을 받아 앨범에 정리하는 것 모두 소중한 순간을 사랑하는 마음이었다.

이번 광고 캠페인의 주제는 '트루 컬러(True Colors)'. 말 그대로 코닥 필름이 인생의 '진정한 색'을 구현해 준다는 이야기다. 트루 컬러 캠페인이 시작된 1988년에는 서울 올림픽 공식 필름인 코닥이 올림픽의 꿈을 응원한다는 콘셉트였다. 이번에는 코닥 필름이 눈으로 보는 색상을 넘어 기쁨, 감동 등 인생의 색을 제대로 구현해 준다는 뜻으로 표현하고 싶었다. 코닥 필름의 색상은 경쟁 제품인 후지 필름의 색상과 달랐다. 후지 필름의 색상은 전통적으로 시원하고, 또렷했다. 반면에 코닥 필름의 색상은 60년대 미국 영화의 색상처럼 좀 누런 색을 띠는 따뜻한 느낌이었다. 사람마다 선호도는 다르지만, 왠지 비디오로 찍은 것처럼 쨍한 후지 필름의 느낌보다 아련한 코닥 필름의 느낌이 좋았다.

이런 코닥 콘셉트를 담아 결혼식을 배경으로 스토리보드를 짰다. 그런데 사내 국장과 이사의 반대가 만만치 않았다. 좋은 소재가 많을 텐데 왜 하필이면 흔하디 흔한 결혼식을 소재로 했냐고, 지금까지 결혼식을 소재로 한 광고가 많았는데 한 번도 성공한 적이 없다고 했다. 억울했다. 흔한 소재라도 어떻게 다루는가가 문제 아닌가? 그렇다면 왜 그리 흔한 소재가 전 세계의 영화와 드라마, 광고에 계속 등장하는가? 그렇게 따지면, '러브(Love)'라는 단어가 들어가지 않은 팝송이 몇 개나 되겠는가? 설득하다 못해 최종 결정권자인 광고주에게 나의 의견을 피력했다. 결국 광고주가 의견을 받아들여 결혼식을 배경으로 제작하게 되었다.

스토리는 간단하다. 결혼식 날, 면사포 쓴 신부 얼굴의 클로즈업 샷이 보인다. 부모님을 바라보는 그녀의 회상 장면이 중간중간 삽입된다. 직접 만든 카네이션을 자랑하던 모습, 비 오는 날 유치원 마치고 기다리던 아빠와 만나던 모습, 대학교 졸업식 날 기념 사진을 찍던 모습 등이 보인다. 마지막에 다시 신부 얼굴의 클로즈업 샷으로 돌아오고, 코닥 필름 로고가 뜬다.

배경 음악은 신디 로퍼의 〈트루 컬러(True Colors)〉. "당신의 진짜 색깔이 빛나는 게 보이네요.(I see your true colors shining through.)" "진짜 색깔은 무지개처럼 아름다워요.(True colors are beautiful like a rainbow.)"와 같은 가사가 광고의 콘

셉트와 잘 어울렸다. 광고 시사도 성공적이었다. 광고주도 좋아했고, 미국 로체스터 코닥 본사에서도 좋아했다. 결혼식은 상투적인 소재라 좋지 않다는 반대를 무릅쓰고 만들어 낸 결과라 더 뿌듯했다.

카피라이터 제임스 웹 영은 《아이디어 생산법》이란 책에서 아이디어를 이렇게 정의한 바 있다. "아이디어란 원래 있던 요소들을 새롭게 결합하는 것이다." 하늘 아래 새로운 것은 없다. 나만의 새로운 눈이 있을 뿐. 사람들은 하나의 단순한 이야기를 지루하게 생각한다. 그러나 떠오른 아이디어에 뭔가를 갖다 붙이면 새롭다고 말한다. 아이디어 내기가 이렇게 쉽다니! 그러니까 아이디어를 새롭게 보이기 위해서는 A와 B를 결합하면 된다.

　　조용한 한강을 보여 주면 아무도 새롭다고 생각하지 않는다. 하지만 물속에서 갑자기 괴물이 튀어 나오면 기발한 아이디어라고 칭찬한다. 단순히 부산으로 떠나는 열차를 주제로 한 이야기라면 흥미를 느끼지 않는다. 그런데 거기에 좀비들이 탄다면? 새로운 아이디어를 내고자 한다면 생각한 이미지나 상황에 엉뚱한 무언가를 끌어다 붙여 보라. 사람들이 새로운 아이디어라고 칭찬할지 모른다.

두통 치통 외치지 말고
스토리를

토푸렉실 감기약 광고

토푸렉실(Toplexil)은 어린이를 위한 시럽형 감기약이다. 지금은 다른 기업을 통해 판매되고 있지만, 90년대에는 한국 롱프랑 제약이 한국에 토푸렉실을 판매했다. 200년 역사를 가진 프랑스의 제약 회사 롱프랑(Rhône-Poulenc)이 한국의 종근당과 합작하여 한국 롱프랑을 만든 것이다. 진한 캐러멜 향을 입힌 시럽형 감기약은 감기에 걸린 어린이들과 어린이에게 약을 먹여야 하는 부모들에게 인기였다. 그 시절 토푸렉실을 먹지 않고 큰 어린이는 없었을 것이다.

토푸렉실의 광고를 맡게 되었다. 당시 감기약 광고는 패턴이 정해져 있었다. 거실에서 머리 아픈 아저씨가 등장한다. 이어서 운전하다가 이가 아파 찡그리는 기사 아저씨가 등장한다. 회사 사무실에서 머리가 아파 찡그리는 여성이 등장한다. 뒤이어 성우가 그들의 표정 위로 "두통, 치통, 생리통에는 XX 진통제!"라고 외치는 식이었다. 어떤 제작자가 맨 처음 이 광고 스토리를 만들어서 재미를 보았고, 그래서 모두 그걸 따라하게 된 것이 틀림없었다. 그러니까 진통제 광고들은 제품명만 다르고 대개 비슷했다.

제작자의 창의력이 부족해서 그런 것만은 아니었다. 당시 모든 방송 광고는 사전 심의를 통과해야 방송할 수 있었다. 제약 광고의 심의는 특히 까다로워, 광고에서 약품이 구체적으로 어떤 증상에 좋다고 표현할 수 없었다. 따라서 한 번 방송 광고 심의에 통과한 표현인 "두통, 치통, 생리통에는 XX 진통제"를 그대로 따를 수밖에 없던 것이다.

그래도 광고 만들기에 여유가 있던 시절이었다. 비싼 TV 광고를 제작하면서 직접적인 제품 소개보다도 화제가 될 스토리를 중시하곤 했다. 아이디어를 구상할 때는 30초 안에 영화처럼 기승전결을 뚜렷이 갖춘 이야기를 만들어 내야 했다. 선배들은 속된 말로 스토리의 '야마'가 무엇이냐고 따지곤 했다. "이게 뭐가 좋아, 아이디어에 야마가 없잖아."라는 말을 수도 없이 들었다. 처음엔 무슨 말인지 알아듣지 못했다. 스토리의 야마라니? 광고 회사에 처음 들어가서 회의를 할 때 시도 때도 없이 선배들의 입에서 튀어나오던 말

중 하나였다. 나중에 가서야 그게 '클라이맥스'를 뜻한다는 것을 알게 되었다. 주위에 물었지만 어원을 아는 사람은 아무도 없었다. '야마(やま)'는 '산'을 뜻하는 일본어니까, 스토리가 전개되다가 클라이맥스에 이르는 모습을 산으로 본 것 아닐까? 어찌 되었든 광고 스토리에는 기억할 것이 꼭 있어야 한다는 선배들의 소중한 조언이었다.

토푸렉실 광고에는 '야마'가 있었다. 첫 장면에 어린이 방의 올빼미 모양 시계가 보인다. 뒤로 커튼이 흔들린다. 아이의 기침 소리가 들린다. 그 소리에 맞추어 벽의 액자와 장 위의 농구공이 떨어진다. 그러더니 모든 장난감들이 살아 있는 것처럼 움직인다. 음산함이 고조되던 그 때 엄마가 문을 열고 들어온다. 장면이 바뀌고, 따뜻한 조명 아래 아이에게 시럽을 먹이는 엄마. 여기까지 와서야 제품이 등장한다. 첫 장면부터 어떤 상황인지 궁금하게 만들고, 제품 이야기 없이 15초 동안이나 드라마 스토리를 전개한 구성이었다.

예나 지금이나 국제 광고제에서 수상하는 영상 광고는 스토리텔링을 잘 갖추고 있다. 이유는 단순하다. 영화와 TV 드라마와는 달리 자발적으로 보지 않는 매체인 광고를 좀 봐 달라는 시도다. 광고 시간을 희생해서 재미있는 이야기를 들려줄 테니, 잠깐만 내 이야기에 귀를 기울여 달라는 것이다. 오래전 미국의 광고인 하워드 고시지가 "아무도 광고를 읽지 않는다. 사람들은 재미있는 것만 보는데, 때로 그게 광고다."라고 말한 적이 있다. 좀 슬프지만 그게 현실이다. 광고는 연애다. 나 혼자 달아오른다고 성공하지 못한다. 재미있게 다가가야 신경이라도 쓰이게 할 수 있다. 그래서 유명 광고제 수상작들은 과감히 제품 이야기를 숨기고 재미있는 이야기로 먼저 소비자의 환심을 사려고 애쓰는 것이다.

물론 서양이니까, 출품용으로 따로 기획한 광고니까, 제작비가 넉넉하니까, 광고주가 열려 있으니까 가능한 일이라고 볼 수도 있다. 하지만 광고도 소비자와 친해지려는 노력이 필요하다. 다짜고짜로 첫 장면부터 제품을 자랑하지 말고, 조금만 더 여유를 가져 보자. "두통, 치통, 생리통에…"도 좋지만, 이제 광고에서 기계적인 자랑은 좀 덜 해도 된다.

요즘 소비자는 일단 광고에 관심이 생기면, 제품의 자세한 사양은 직접 검색해 보고 공유한다. 일본의 광고 대행사 덴츠는 이런 현대 소비자들의 행동 모델을 AISAS 모델이라고 정의했다. A는 '어텐션(Attention)'이다. 광고를 본 소비자는 일단 메시지에 관심을 갖는다. I는 '인터레스트(Interest)'다. 흥미를 느낀다. S는 '서치(Search)'다. 제품 정보를 검색한다. A는 '액션(Action)'이다. 구매한다. S는 '셰어(Share)'다. 정보를 이웃과 공유한다.

　세월이 흘러도 변하지 않는 광고의 목표는 역시 '널리 알리는' 것이다. 효과적인 영상 광고를 만들고 싶다면 제품 자랑만 하지 말고 약간 여유를 갖는 것이 좋다. 광고가 시작하자마자 제품명을 알리지 말고, 드라마를 활용하여 먼저 친숙하게 다가가야 한다. 그래야 소비자가 마음을 열고 광고를 듣고, 본다. 하워드 고시지의 조언처럼 광고를 자발적으로 보려는 사람은 세상에 없다. 광고한 기업과 제작자만 보는 광고가 세상에 나올 필요가 있을까? 고객이 흥미를 가지고 시청할 수 있는 광고를 만들자. 재미있어서든, 유익해서든 자발적으로 주변에 공유할 광고를 만들어야 한다.

평범한 일상도
광고의 한 장면이 된다

#KFC 광고

켄터키 프라이드 치킨(Kentucky Fried Chicken). 1930년대 미국 켄터키에서 처음 등장했던 이 치킨 브랜드는 1984년, 두산 그룹을 통해 한국 시장에 진출했다. 서울 도산공원 앞 매장에 가면 한참 줄을 서서 먹어야 할 정도로 잘 나가던 치킨 브랜드였다. 시장에서 튀겨 주는 통닭을 즐겨 먹던 한국인에게 새로 들어온 미국의 치킨 브랜드는 새로운 맛의 세계를 열어 주었다. 특히 젊은이들에게 큰 인기였다.

매장 앞에 하얀 신사복을 입고 지팡이 들고 서 있는 할아버지가 커널 샌더스로 널리 알려진 KFC의 창립자 할랜드 데이비드 샌더스다. 광고 제작을 위한 제품 설명 회의에서 들으니 정말 동네 치킨이나 시장 치킨과 차별점이 많았다. KFC의 가장 중요한 특징은 아직도 비법이 밝혀지지 않은 열한 가지 비밀 양념이다. 또 한국 치킨과는 달리 고압 압력솥을 사용해서 만들었으며, 국산 닭보다 커서 한 조각만 먹어도 포만감이 들었다. 치킨과 곁들여 먹으라는 비스킷도 인기가 많았는데, 이름이 비스킷이지 스콘 같은 빵이었다. 거기에 일회용 딸기잼을 발라서 먹으면 기름지지만 고소하고 맛있었다.

본사에서 주문한 광고의 핵심은 단순했다. 단란한 가족이 맛있는 치킨을 즐기는 모습과 로고가 전부였던 지금까지의 프라이드 치킨 광고에서 좀 바꾸어 보자는 것이었다. 그런데 따지고 보면 그게 전부 아닌가? '30초에서 그 세 가지 요소를 빼면 장사가 안 될 텐데…'라는 생각이 앞섰다. 유명 모델을 섭외해 먹어 보라고 해야 하나? 유행어를 만들어야 하나? 유럽 무료 여행 경품을 걸어야 하나? 차별화를 위한 차별화는 위험하기에 조심스러웠다. "6개월마다 새로운 것을 가져오라는 압력에도 굴하지 않고 하나의 스타일을 고수하는 데는 특별한 배짱이 필요합니다."라는 데이비드 오길비의 조언도 있었다. 좋은 건 계속하라는 뜻이다. 잘 만든 광고 캠페인을 집행하다가 싫증을 느끼고 자꾸 새로운 광고를 만드는 상황에 대한 지적이었다.

당시 한국 기업에서도 마케팅 임원이 바뀌면 자신의 팀원을 모두 새 식구로 바꾸고, 광고부터 바꾸는 관행이 있었다. 성공적인 캠페인도 자신이 한 것이 아니면 인정하기 싫어하는 마음이 작동한 것이었다. 그러면 광고 회사야 프로젝트가 많아져서 좋지만, 소비자는 혼란스럽다. 같은 브랜드의 광고에 애니메이션이 나왔다가, 개그맨이 나왔다가, 할리우드 영화 패러디가 나왔다가 하면 하나의 브랜드 이미지가 만들어지지 않는다. 많은 글로벌 브랜드들은 조금 지루하더라도 오랫동안 같은 것을 반복하며 하나의 브랜드 이미지를 유지하기 위해 엄청난 비용과 노력을 쏟아붓는다. 그런데 치킨 광고를 바꾸어 보자니 난감했다.

어떻게 신선한 느낌을 주면서도 같은 이미지를 유지할수 있을까 고민하며 며칠 동안 시내에 있는 KFC 매장을 모두 돌아다녔다. 어느 날 아침에는 도산공원 매장에 갔다. 일찍 갔더니 매장 문이 잠겨 있길래, 아무도 없는 줄 알았더니 그게 아니었다. 매장 안에서 직원들이 새벽부터 개점 준비를 하고 있던 것이다. 양해를 구하고 모든 준비 과정을 따라다니며 자세히 살폈다. 캠코더로도 기록하고 사진도 찍었다. 준비 작업은 생각보다 체계적이고 위생적이며 분업이 잘되어 있었다. '글로벌 브랜드는 준비부터 동네 치킨 집과 다르네! 이걸 보여 주자. 이렇게 열심히 준비하는 모습을 보여주자.' 회사로 돌아가자마자 스토리보드를 그렸다.

아침 해가 뜨고 나뭇가지 위에서 새가 운다. 새소리에 이어 미국 민요 〈켄터키의 옛집(My Old Kentucky Home, Good-Night)〉이 무반주 곡으로 흘러나온다. 유리 세정제로 유리창을 닦는 직원, 샌더스 할아버지 인형을 매장 앞에 내놓는 직원, 유니폼 입은 매무새를 거울에 비추어 보고 모자를 천천히 눌러 쓰는 직원들이 보인다. 다음은 맛있는 치킨 장면으로 이어진다. 압력솥에서 치킨을 튀기느라 나오는 뽀얀 연기가 화면을 덮고, 먹음직스러운 치킨 살을 천천히 두 손으로 찢는 모습이 보인다. 커다란 치킨 바구니를 앞에 놓고 맛있게 즐기는 행복한 가족의 모습으로 이어진다.

광고에 제목은 나오지 않지만, 일부러 스토리보드에 '준비' 편이란 제목까지 붙였다. 그런데 다 그려 놓으니 뭔가 심심했다. 선배들이 말했던 소비자들의 기억에 남는 '한 끗'이 부족했다. 고민 끝에 마지막 장면을 인사로 마치도록 수정했다. 직원이 계산을 마친 손님에게 "또 오세요!"라고 인사하는 장면을 넣은 것이다. 인사를 들은 어린이 손님이 방긋 웃는 리액션 컷도 살짝 넣었다.

마지막 장면이 광고주 시사에서 호평을 받았다. 카운터 직원이 계산을 마치고 손님에게 인사하는 건 매일 보는 장면이지만 광고에서 보니 신선하다고 했다. 나는 기세를 몰아 앞으로 모든 광고 마지막 장면을 똑같이 만들자고 제안했다. 실제로 내가 그만둔 다음에도 오랫동안 광고 끝에 "또 오세요!"라고 인사하는 장면을 넣었다. 이 아이디어는 글로벌 광고주의 칭찬을 받아 대만에서도 방영되었다. 주로 뉴욕에서 제작한 광고를 세계에 방영하던 시대라 더 뜻깊었다. 처음으로 우리가 만든 영상 광고를 외국에 수출한 셈이다.

한국인이든 대만인이든 미국인이든 사람은 누구나 대접받고 싶어한다. 다른 어떤 이가 자신을 위해 정성 들여 제품을 만들거나, 음식을 만들거나, 청소를 한다는 사실에 기뻐하지 않을 이는 없을 것이다. KFC 광고는 그런 점에서 소비자들에게 좋은 인상을 남겼다. KFC 치킨을 먹으러 가면 바로 나를 위해 열심히 청소하고, 맞이할 준비를 하고, 맛있는 치킨을 준비하고, 나갈 때까지 미소를 잃지 않으며 기분 좋게 해 준다는 메시지를 심어 준 것이다. 아이디어가 잘 풀리지 않는다면 내가 이 제품이나 서비스로 어떤 대우를 받고 싶은지 생각해 보라. 어떤 면에서 사람은 모두 똑같다.

한계를 기회로!

지금은 OB맥주인 동양 맥주와 크라운 맥주가 경쟁을 하던 시절, 미국의 버드와이저가 한국에 상륙했다. 동양 맥주가 수입한 것이었다. 정확히는 기술 제휴를 맺어 동양 맥주 광주 공장에서 버드와이저 제조를 시작했다.

버드와이저는 이미 암시장에서 거래되고 있었기에 한국 소비자들에게 생소하지만은 않았다. 잘 나가는 오렌지족이라면 서울 압구정동 카페에서 다리를 꼬고 앉아 버드와이저 정도는 마셔 줘야 폼을 잡을 수 있었다. 하지만 정식으로 수입되지 않은 버드와이저는 가격이 비쌌고, 파는 데도 많지 않았다. 비싸서 버드와이저를 마시지 못하는 오렌지족을 '낑깡'족이라고 부르기도 했다. 점차 버드와이저는 고급 맥주라는 이미지가 생겼다.

사실 미국 유학을 다녀왔거나 미국에서 살았던 사람들

은 버드와이저가 노동자들이 싼 맛에 마시는 대중적인 맥주라는 걸 알고 있었다. 버드와이저의 미국 광고에는 고된 일과를 마치고 전봇대에서 내려와 동료들과 시원한 맥주 한 잔을 마시는 설정 같은 것이 많았다. 미국의 동네 스포츠 바에서 천장에 매달려 있는 TV로 미식축구 경기를 보며 맥주를 마시는 장면이 나오는 광고도 있었다. 하지만 수차례의 조사와 포지셔닝 회의를 통해 우리는 미국의 버드와이저 이미지와 거꾸로 접근하기로 했다. 이미 한국에 자리 잡은 이미지를 살려 비싸고 좋은 미국 제품으로 포지셔닝하기로 한 것이다.

버드와이저 첫 론칭 광고는 미국 뉴욕의 거대한 마천루 사이로 맥주병이 천천히 솟아오르는 콘셉트로 만들었다. 미국에서 왔다는 것을 강조한 연출이었다. 조그마한 맥주병이 하늘을 찌르는 고층 빌딩 사이에서 돋아나는 느낌이 웅장함을 더해 주었다. 곧이어 두 번째 광고를 만들었다. 이번에도 역시 뉴욕 맨해튼의 고층 빌딩들을 배경으로 거대한 버드와이저 맥주병이 솟아오른다. 보는 사람도 시원하게 만드는 맥주의 탄산 장면도 담았다. 마지막으로 발코니에서 석양의 강을 바라보며 맥주를 마시는 남녀 주인공의 실루엣으로 끝나는 스토리였다.

그런데 제작에 들어가자 모든 장면이 문제였다. 제작 여건상 미국에 갈 수 없었기 때문이다. 한국 스튜디오에서 맨해튼의 마천루를 찍어야 하니 보통 문제가 아니었다. 컴퓨터 그래픽도 없던 시절이었다. 골치가 아팠지만 제작 여건 내에서 원하는 연출을 뽑아내는 것도 기획자의 역량이라 생각하고 머리를 쥐어짰다.

고심 끝에 한국 제작진의 잔머리가 돋보인 해결책이 나왔다. 옥외 광고가 보이는 마천루 장면은 미니어처를 활용했다. 미국 고층 빌딩들의 모형을 모두 임대하고, 뉴욕의 사진을 참고해서 블록으로 도시를 만들 듯 모양과 크기가 다른 미니어처 모형 빌딩들을 이리저리 맞추어 작은 뉴욕을 재현했다. 찍어 놓으니 헬리콥터를 타고 찍은 것 같은 박진감은 없었지만 그럴 듯했다. 모든 도시의 고층 빌딩들은 대개 비슷하니, 뉴욕의 랜드 마크인 뾰족한 크라이슬러 빌딩만 잠깐 나오게 찍으면 뉴욕처럼 보였다. 어설픈 눈가림으로 그럭저럭 첫 장면을 만들었다. 연인이 강을 바라보는 마지막 장면은 뉴욕 허드슨 강이 보이는 고층 건물들의 배경 슬라이드를 임대해 촬영했다. 슬라이드 뒤에 조명을 비추어 석양의 느낌을 내고, 화면 좌측 하단에 세트장에서 미리 찍은 발코니의 연인들 장면을 합성했다.

우여곡절 끝에 완성된 작품을 재생해 보았다. 스토리보드에 그린 대로 만들기는 했지만 엉성했다. 내가 머릿속에 그린 건 이게 아닌데…. 기술이 모자라는 건 우리 사정이고, 이렇게 만들었다가는 초등학생 그림보다 못하다는 평을 받을 것이 뻔했다. 어떻게 하면 더 나은 영상을 만들 수 있을까 고민하고 있으니 촬영 감독이 보강 아이디어를 주었다. 화면이 너무 정적이고 심심하니, 빌딩 위의 하늘에 움직임을 주면 어떻냐는 것이었다. 그러면서 하늘에 꼬리에 연기를 내며 멀리 지나가는 비행기 한 대를 삽입하자고 제안했다. 그러면 화면에 움직임이 생기니 시선도 분산하고, 동적인 느낌도 줄 수 있을 듯 했다. 문제는 어떻게 비행기를 넣냐는 것이었다. 다행히 가진 영상 중 비행기가 등장하는 영상이 있었다. 잘 오려 내서 맨해튼 하늘에 합성하니 좀 나아졌다.

이번에는 물에 욕심이 났다. 그림일 뿐인 슬라이드의 강물은 절대 흐르지 않았다. 강물이 흐르지 않으니 어딘가 어색하고 이상하게 보였다. 이번에도 감독이 일전에 제주도에서 찍어 온 바닷물 영상이 있으니, 그 영상을 덧입히자고 했다. 부지런한 조감독이 몇 시간 만에 필름을 찾아왔다. 색깔의 톤은 맞지 않았지만, 움직이는 제주도의 바닷물을 움직이지 않는 허드슨 강 장면에 합성했다. 마지막으로 석양의 분위기를 더 살리기 위해 화면 전체에 앰버 색을 살짝 입혔다. 이제 좀 그럴듯했다.

다시 한 번 영상을 틀어 보았다. 할 수 있는 모든 방법을 동원해 열심히 제작한 30초 광고에는 버드와이저 제품만 잘 보였다. 아쉽냐고? 그것이 전략이다. 좀 유치해도 불필요한 요소를 걷어 내고 오로지 제품이 광고의 주인공이 되는 '프로덕트 애즈 히어로(Product-As-Hero)' 기법이다. 물론 미국에서 촬영했으면 더 좋은 퀄리티의 영상을 만들 수 있었을 것이다. 하지만 기업에서 책정한 광고 제작 비용을 무리하게 늘려 달라고 요구할 수는 없다. 제작 여건 내에서 어떻게 하면 조금 더 좋은 광고를 만들 수 있을지 고민하는 것이 광고 기획자의 일이 아닐까? 오히려 한계 속에서 최대한 신선한 방법을 찾아 고민하다 색다른 아이디어가 나오기도 한다. '해내 주마!'라는 마음으로 임해 보자. 생각지도 못했던 좋은 생각이 떠오를지도 모른다.

홍보와 예술 사이

90년대 초, 다국적 기업 유니레버(Unilever)의 에브리스(Ev-erys) 샴푸 광고를 맡았다. 당시는 샴푸 광고의 전성 시대라 다른 샴푸 광고들과 차별화된 아이디어를 내기가 쉽지 않았다. 특히 유니레버는 전 세계의 샴푸 아이디어를 꿰고 있는 글로벌 화장품 전문 기업이라, 내가 가져가는 웬만한 아이디어는 모두 거절했다. 좌절의 연속이었다. 그까짓 샴푸 브랜드 하나가 젊은 크리에이터의 마음을 가차 없이 꺾었다. 뭘 해도 되지 않았다. 매일 새로운 아이디어를 요구했다. 먹고 싶은 메뉴를 확실히 말해 주지는 않고 새로운 아이디어만 찾으니 도대체 어떤 광고를 원하는지 알 수 없어 답답했다. 전 세계의 샴푸나 비누는 브랜드와 포장만 다르지 계면활성제에 지나지 않는데, 뭐 그리 색다른 아이디어를 요구하는지 화도 났다.

유니레버는 그 시절 P&G와 경쟁하며 전 세계 소비 용품의 절반을 파는 기업이었다. 유니레버는 분야별로 한국에 출시할 브랜드를 신중하게 선정했다. 그리고 광고 대행사에게 쉴새 없이 새로운 브랜드를 과제로 던져 주며 포지셔닝을 하고, 카피를 만들어 내라고 했다. 그래 놓고 엄청난 양의 조사를 거쳐 제출한 최종 결과가 좋지 않으면 바로 출시를 포기했다. 한국 시장에 먹힐 것 같은 제품도 죽이고, 잘되지 않을 것 같은 브랜드도 죽이는 것처럼 보였다.

한국 회사와 협업해 국내 제품을 광고할 때는 주로 이미 완벽하게 개발하여 출시한 제품의 광고를 담당했다. 그런데 다국적 기업은 지나치게 과학적이고 논리적으로 접근했다. 조사하고, 다시 조사하고, 그것을 토대로 다시 조사하기 일쑤였다. 나중에는 일이 잘못됐을 때 핑계를 대기 위해 그렇게 어마어마한 규모의 조사를 하는 것은 아닌지 의심도 들었다. 그렇게 밤낮으로 조사만 하면 광고는 언제 만드냐고 외치고 싶었다. 물론 그런 끊임없는 연습과 소비자 조사를 통해 많이 배우기도 했지만, 한국의 작업 방식과 달라 적응하는 데 애를 먹었다.

방대한 소비자 조사를 거쳐 에브리스 샴푸 광고의 핵심 메시지는 '카메라는 못 속인다!'로 채택되었다. 광고는 광고 촬영장 장면으로 시작한다. 모델을 맡은 김혜수 배우가 카메라를 돌아보며 자신 있게 말한다. "제 머릿결 좋죠?" 그러자 남자 성우의 목소리가 이어진다. "카메라는 못 속이죠!" 무슨 이야기지? 곧이어 카메라가 배우의 머리를 클로즈업한다. 가르마 사이로 하얀 비듬이 보인다. 눈으로 볼 때는 보이지 않던 비듬이 카메라의 줌 렌즈를 통해 가까이 보면 보인다는 이야기였다. 그때 에브리스 샴푸가 등장해 제품의 효능을 자랑한다. 마지막 장면은 김혜수 배우의 자신 있는 표정. "비듬? 걱정 없어요!"

한없이 멋지고 예쁘게 보여야 할 여배우로서는 이미지 걱정이 될 수도 있는 줄거리인데, 그녀는 용감했다. 이런 스토리보드를 보고도 흔쾌히 출연해 주었다는 점이 고마웠다. 다만 밤까지 이어진 촬영에서 만족할 만한 머릿결을 찍기가 어려웠다. 헤어 촬영에 앞서 있던 태국에서 직접 공수해 온 촬영용 특수 염색약이 있었는데, 이어지는 촬영으로 그 약을 다 써버린 것이었다. 촬영 전 아주 조그마한 병에 담아 주면서 아껴 쓰라고 신신당부했던 광고주에게 조금만 더 달라고 말하기도 어려웠다. 결국 조명 각도를 이리저리 바꾸고, 카메라 앵글을 바꾸고, 렌즈도 바꿔 끼우며 최대한 마음에 드는 머리카락을 재현했다. 샴푸 광고 촬영을 위한 동작이 정리된 태국의 이미지 자료까지 참고해 가며 고개를 돌려 긴 머리카락을 허공에 날리는 동작, 소파에 긴 머리카락이 풍성하게 걸쳐지는 동작 등을 열심히 따라해 촬영했다. 광고를 열심히 찍고 모델도 열심히 연기해서 작업 결과는 좋았다.

문제는 나였다. 나는 이런 식의 전형적인 문제-해결 방식 스토리텔링이 마음에 들지 않았다. 광고 초반에 '소비자님, 비듬 때문에 고민하시지요?'라고 문제점을 제시하고는 '비듬 걱정 없애 주는 샴푸가 나왔어요'라고 해결책을 제시하는 뻔한 구성이라니. 드라마를 공부한 내게 어처구니가 없는 방식이었다. 당시 나는 감성적인 접근을 앞세워 소비자 마음을 조금이라도 건드리는 아이디어를 선호하고, 대놓고 제품을 홍보하는 광고는 뻔한 광고로 치부했다. 그러나 내가 틀렸다. 그 뻔한 접근 방식을 사용한 P&G와 유니레버가 전 세계 생필품 시장을 쥐고 있지 않은가?

세월이 지난 지금도 마케팅 전문가들은 소비자의 아픈 지점, 즉 필요와 욕구인 '페인 포인트(Pain Point)'를 잘 찾아내야 성공한다고 가르친다. 소비자의 페인 포인트를 건드리지 못하면서 무작정 감성적으로 다가가려다간 엉뚱한 결과물이 나올 수 있다. 결국 효과적인 광고는 문제-해결 방식에 달콤한 설탕을 얼마나 잘 바르는가의 기술이다. 소비자에게

다가가는 방법을 연구하며, 이성적 접근과 감성적 접근을 나누어 생각하면 곤란하다는 것을 깨달았다.

미키마우스와 목욕을

존슨앤존슨 어린이 샴푸 광고

유아와 어린이를 위한 순한 제품으로 유명한 존슨앤존슨이 1993년 한국 시장에 '즐거운 목욕 친구들'이라는 어린이 샴푸를 출시했다. 귀여운 샴푸 병과 목욕 놀이에 활용할 수 있는 뚜껑으로 90년대 아이들에게 커다란 인기를 끌었던 제품이었다.

당시 내가 근무하던 린타스는 여러 나라에 지사를 두고 글로벌 브랜드의 전 세계적 광고를 대행하는 다국적 광고 대행사였다. 한국에 처음 온 린타스의 폴 스미스 사장은 나의 광고 제작 능력을 의심했다. 대놓고 말은 하지 않고 늘 점잖은 표정으로 대했지만, 까다로운 존슨의 광고 캠페인을 처음 만난 크리에이티브 디렉터였던 내가 잘할 수 있을지 걱정하는 것이 표정에 뻔히 보였다. 브랜드 이름을 한글로 어떻게 바꾸어야 좋을지, 그게 영어 뉘앙스도 살리며 한글로

119

도 통할지, 목욕 거품을 그래픽으로 잘 그릴 수 있을지, TV 광고는 제대로 찍을지 사사건건 불안해했다. '아니, 사장님. 돈 워리(Don't worry), 트러스트 미(Trust me). 연봉 두 배 주고 날 불렀으면서….' 나뿐 아니라 당시 한국 광고계의 실력을 아직 믿지 못하는 것처럼 보였다. 뒤늦게 그가 이번 광고를 잘 만들어서 존슨앤존슨의 신임을 얻고 당시 잘 나가던 존슨즈베이비 로션 광고도 가져올 속셈인 것을 알게 되었다.

존슨앤존슨에서 새로 출시하는 어린이 샴푸 광고의 콘셉트를 찾기는 어렵지 않았다. 일단 제품 자체가 워낙 매력적이었다. 전 세계의 아이들이 좋아하는 미키마우스와 친구들 캐릭터를 샴푸 병과 붙였으니, 바보라도 잘 팔 수 있을 것이다. 이런 경우는 커다란 행운이다. 제품이 뛰어나면 광고는 대개 할 일이 없다. 제품 콘셉트를 잘 소화하기만 하면 된다. 광고에서 재주를 보이려다 오히려 제품을 약하게 만들 수 있다. 어쩌면 광고에서 조용히 미키의 목욕 친구들 제품들을 보여 주기만 해도 성공할 수 있을 것이었다.

그렇게 해서 잡은 콘셉트가 '목욕 시간이 즐거워'다. 광고 영상에는 아이들이 즐거운 목욕 친구들 샴푸와 함께 즐겁게 목욕을 즐기는 장면을 담았다. 실제 아이들 중에는 목욕을 좋아하는 아이들도 있지만 그렇지 않은 아이들도 있다.

목욕을 좋아하지 않는 아이들을 씻기려면 부모들이 고역이다. 그래서 존슨앤존슨도 제품의 뚜껑을 미키마우스와 친구들 캐릭터로 만들었을 것이다. 요즘 말하는 '소장템'이다. 목욕을 좋아하지 않아도 예뻐서 다 모으고 싶게 만들었다. 예쁠 뿐 아니라 아이들이 미키마우스에 정신을 쏙 빼앗겨 자신이 씻고 있는지도 모른 채 놀이에 몰두하니, 부모로서도 가지고 싶은 목욕 제품이었다. 이런 캐릭터 제품의 장점을 살려 제품명을 '미키의 목욕 친구들'로 하고 싶었으나, 저작권을 가지고 디즈니 코리아와 오랜 조정을 한 끝에 그냥 '즐거운 목욕 친구들'로 결정했다. 아쉬웠지만 광고에 디즈니 애니메이션은 사용할 수 있어 다행이었다.

광고주 시사는 잘 마쳤다. 제품력이 뛰어나 제품도 잘 팔렸다. 잊을 수 없는 일도 생겼다. 회의 시간마다 원수처럼 다투던 광고주 기업 마케팅 팀의 사원이 딸이 태어났다는 내 소식을 전해 듣고 엄청나게 크고 멋진 등나무 바구니에 존슨즈 제품을 한가득 담아 선물한 것이다. 물론 즐거운 목욕 친구들 세트도 담겨 있었다. 덕분에 딸은 목욕할 때마다 미키마우스, 미니마우스, 구피, 도널드덕과 함께 놀며 자랐다. 다 쓴 샴푸 병도 버리지 않고 한동안 가지고 놀았을 정도다.

캐릭터 상품은 여전히 어린이 제품 매출 상승에 큰 비중을 차지하는 광고계의 큰손이다. '산리오' '티니핑' 등 어린이들이 사랑하는 캐릭터들과 함께한 제품이라면 반은 먹고 들어간다. 요즘에는 키덜트 시장도 커져서 성인용 제품도 화장품, 생활용품, 문구 등 종류를 가리지 않고 유명 캐릭터와 콜라보레이션을 한 제품들이 많다.

다만 광고를 성공시키기 위한 고민의 끝이 결국 캐릭터 상품과의 콜라보로 마무리되는 상황에 대해서는 고민이 필요하다. 광고 아이디어 회의를 할 때 제품 자체로 시원치 않다는 생각이 들면, 누군가가 꼭 광고에 캐릭터를 한 번 써보자는 이야기를 한다. 하지만 아이디어가 없다고 캐릭터의 힘에 기대서 가자는 생각은 슬기롭지 않다. 그것이 어떤 캐릭터인가에 따라 브랜드에 독이 될 수도, 약이 될 수도 있기 때문이다. 소비자가 제품은 좋아하지만 거기 등장한 캐릭터는 싫어하면 어떻게 할 것인가?

소비자는 좋은 품질의 제품이나 서비스를 원한다. 캐릭터는 광고를 거들 뿐 캐릭터 때문에 지갑을 열게 할 수는 없다. 유명 패션 모델은 흰색 면 셔츠와 청바지로도 시대의 아이콘이 된다. 광고는 제품 자체의 매력을 찾아 그걸 잘 소화하고 돋보이게 하면 된다. 제품 외의 것들로 광고를 꾸미면

사은품이 덕지덕지 붙어 정작 원래 판매하려는 제품은 보이지 않는 광고가 되기 딱 좋다.

숨은 경쟁자를 찾아라

존슨앤존슨 건강 젖병 광고

존슨앤존슨은 한국에서 크게 성공한 존슨즈베이비 로션을 등에 업고 아기 젖병을 출시했다. 경쟁자도 없었다. 이름 모를 국내 제품 몇 개와 유럽제 수입 제품이 간혹 눈에 띄었지만, 존슨앤존슨의 상대가 되지는 않았다. 다르게 보면 시장성이 별로 크지 않았다. '굳이 왜 아기 젖병을?' 이라는 생각이 들었지만 질문은 할 수 있어도 막을 수는 없었다. 광고 대행사 입장에서 광고주가 큰 마음 먹고 준비한 신제품을 출시하지 말라고 할 필요도 없었다. 아기 용품 시장이 거대해진 요즘을 생각하면, 존슨앤존슨의 아기 젖병 출시는 시대를 내다 본 결정이었던 셈이다.

아기 용품이 고급화되기 전이라 광고의 콘셉트가 문제였다. 국산 제품도 문제없이 잘 쓰고 있는데, 뭐라고 해야 아기 엄마들이 미제 아기 젖병을 사 줄까? 존슨앤존슨에서 나온 제품은 더 비쌀 텐데, 거기에 넣는다고 분유 맛이 더 좋아지는 것도 아니고 굳이 살 필요가 있을까? 명쾌한 답이 나오지 않아 소비자 조사도 오래 했지만 고개를 끄덕일 만한 소비자 인사이트는 찾기 어려웠다. 새로 나오면 써 보기는 하겠다는 미온적인 대답만 돌아왔다. 아무리 머리를 써도 가능한 광고 콘셉트는 세계적인 기업 존슨앤존슨에서 나왔으니 믿고 써 보라는 정도였다.

혹시나 새로운 인사이트가 나오지 않을까 소비자 조사를 계속 진행했다. 그러다 시장의 경쟁 구도를 연구할 때 유용한 박종하 칼럼니스트의 조언이 생각났다. "야쿠르트 아줌마의 경쟁자는 학습지 아줌마다. 엄마는 학습지를 구독하기 위해 야쿠르트를 끊을 수도 있으니까." 어떤 제품을 판매할 때, 꼭 그 제품의 경쟁자가 타 브랜드의 동일한 제품이 아닐 수도 있다는 조언이다. 그러니까 존슨앤존슨 아기 '젖병'의 경쟁자가 또 다른 '젖병'이 아닐 수 있었다. 아니나 다를까, 결국 우리의 경쟁자를 알아냈다. 존슨앤존슨 아기 젖병의 경쟁자는 국산 젖병이 아니었다. 이건 젖병 수유와 모유 수유와의 전쟁이었던 것이다.

아기 엄마들은 젖병을 쓰면서도 아기에게 약간의 미안함을 갖고 있었다. 혹여나 세균이 번식할까 살균에도 예민했다. 어린 딸과 함께 장기 여행을 갈 때마다 커다란 찜통 크기의 젖병 살균 통을 가지고 다니던 기억이 났다. 존슨앤존슨에서 만든 젖병은 인체에 유해한 싸구려 플라스틱을 쓰지 않았다는 믿음을 줄 수도 있었지만, 그 이전에 소비자가 젖병 수유도 안전하다는 것을 믿어 주는 것이 중요했다.

그래서 나온 콘셉트가 '두 번째로 좋은 수유 방법'이다. 모유 수유가 가장 좋지만, 그럴 수 없는 경우도 많으니 그때는 바로 존슨앤존슨 제품을 쓰면 좋겠다는 이야기였다. 회의실 앞을 지나가던 사장이 괴로워하는 우리를 보고 툭 던진 콘셉트였다. 처음에는 뭔가 싶어 일단 무시했지만, 다시 생각해 보니 꽤 괜찮은 콘셉트인 듯 했다.

광고는 아기 엄마가 아기를 안고 편안하게 수유하는 뒷모습에서 시작한다. 카메라가 서서히 회전하여 엄마의 앞모습을 보여 준다. 그게 반전이다. 앞에서 보니 모유가 아니라 젖병으로 수유하는 모습이다. 성우의 차분한 목소리가 들린다. "모유를 먹이는 건 엄마의 큰 기쁨입니다. 그게 힘들 때 엄마 젖과 닮은 걸 찾게 되죠. 엄마처럼 편한 존슨즈베이비 건강 젖병." 광고 마지막에 아기 엄마가 카메라를 보며 말한다. "아기 건강을 위해 선택했어요."

제작을 마치고 광고 시사 날이 되었다. 시사 직전까지

영상을 편집하다 가까스로 편집을 마치고 허겁지겁 시사실로 들어섰다. 복도에 나와 기다리던 폴 사장이 내게 광고가 어떻게 나왔냐고, 잘 나왔냐고 물었다. 늘 그랬듯이 머뭇거리면서 그럭저럭 볼만 하다고 대답하니, 폴 사장이 갑자기 내 입을 막고선 "안에 들어가서 절대 그런 말 하지마! 광고주가 물어보면 세계 수준의 광고가 나왔다고 자신 있게 말해!"라고 했다. 다행히 그런 말을 하지 않았는데도 존슨앤존슨 관계자가 만족해 했다. 강렬한 인상을 주는 광고는 아니었지만 내가 보아도 괜찮은 콘셉트였다. 시장 조사를 철저히 한 덕분에 숨은 경쟁자를 찾아 좋은 콘셉트로 승부할 수 있었다.

하나 아쉬운 점은 다소 길었던 브랜드 이름이다. '존슨즈베이비 건강 젖병'. 이걸 소비자가 기억할 리가 없었다. 이름이 너무 길어서 읽기만 해도 광고의 절반이 지나가니, 줄여서 '존슨즈 젖병'쯤으로 하자고 우겼다. 그러나 내 이야기는 먹히지 않았다. '존슨즈'는 글로벌 브랜드니까 넣어야 하고, '베이비'는 베이비 로션이 유명하니까, '건강'은 위생적으로 만들었으니까, '젖병'은 제품이니까 꼭 넣어야 한다고 했다. 나는 특히 '건강'은 젖병을 수식하니까 말이 되지 않을뿐더러 필요없다고 주장했다. 그러나 무시당했다. 태어난 아기

1장 | 기획자의 광고 제작 노트

가 장수하라고 장수의 상징을 모두 나열한 이름을 붙여 주던 코미디가 생각났다. '배수한무거북이와두루미삼천갑자동방삭…'보다 길지는 않았으니 다행이다.

한 단어 콘셉트

린타스 코리아에서 배운 것

광고 대행사 린타스 코리아는 한국 광고 시장 개방에 맞추어 패기 있게 한국에 진출했다가 딱 1년 만에 물러갔다. 사업이 잘되게 해 달라고 고사도 지냈지만, 고사 상에 돈을 적게 올려서 그랬는지 문을 닫고 말았다. 연봉을 두 배로 올려 주고, 자동차도 준다고 해서 옮겼는데 그렇게 쉽게 철수할 회사란 것을 알았더라면 애초에 가지 않았어야 했나 싶었다. 나로서는 국내 광고 대행사에서 충분히 무예를 익혔으니, 글로벌 네트워크가 막강한 다국적 광고 대행사의 시스템을 배우고 싶어 내린 결정이었다. 이제 막 적응해 가던 참에 아쉬웠다. 그래도 그 시절에 광고 기획에서 가장 중요한 것을 배웠다. 하나는 강력한 콘셉트를 찾아내는 것, 또 다른 하나는 그것을 가장 간단하게 압축하는 것이다.

가장 기억에 남는 것은 '한 단어 콘셉트'다. 광고 대행사에는 '크리에이티브 브리프(Creative Brief)'라는 문서가 있다. 광고 기획자가 제작 팀에게 광고를 어떻게 만들어 달라고 적는 설계도이자 주문서라고 볼 수 있다. 광고 만드는 과정에서 가장 중요한 문서이다. 크리에이티브 브리프에는 이번 광고의 목적부터 시장 상황, 타깃, 콘셉트, 기대 반응, 광고에 꼭 들어가야 할 요소 등을 자세히 적는다. 그러면 제작 팀이 그것을 토대로 아이디어를 낸다. 가장 중요한 것은 역시 콘셉트다. 광고에서 무엇을 말할 것인가? 오길비에서는 광고 콘셉트를 '버튼'이라고 표현하기도 했다. 마치 다이너마이트 폭탄의 버튼처럼 그 단어를 누르면(읽기만 하면) 아이디어가 폭발하듯 샘솟게 적어야 한다는 뜻이다. 하지만 아무리 자세하게 적는다고 해도 글은 해석하기에 따라 의미가 달라지니, 기획자와 제작자는 늘 다투기 일쑤였다. 제작자는 '내가 생각하는 콘셉트는 그게 아니다, 조사를 맹신하지 마라, 광고주가 주문한다고 그대로 할 수 없다' 같은 말들을 입에 달고 살았다. 나도 예외는 아니었다.

린타스의 콘셉트를 적는 칸은 두 개였다. 만일 '머릿결을 훨씬 부드럽게 해 주는 샴푸'가 콘셉트라면, 다음 칸에 한 단어 콘셉트를 다시 적어야 했다. '한 단어로 말한다면(In One Word)'이란 제목이다. 그러니까 '부드러움'이 한 단어 콘셉트가 될 수 있었다. '이탈리아의 장인이 만들어 맛있는 라구 스파게티 소스'가 콘셉트라면, 한 단어 콘셉트는 '전통'이다. 한 단어 콘셉트를 활용하면 누구든지 이 광고에서 가장 중요하게 생각해야 할 부분이 무엇인지 확실하게 알 수 있다. 서로 콘셉트를 이해하는 바가 달라 소통이 꼬일 가능성도 적었다. 무엇보다 기획자도 자신이 핵심으로 생각해야 할 부분이 무엇인지 잊지 않을 수 있었다. 이 기술은 지금까지도 광고를 공부하고 가르치는 데 유용하게 쓰고 있다.

하나 더, 린타스의 일원일 때 '크리에이티브 매니지먼트 프로그램'에 참석하지 못한 것이 아쉬움으로 남는다. 글로벌 대행사에서는 일 년에 한 번씩 전 세계의 크리에이티브 디렉터를 모아 교육을 한다. 린타스에서 열심히 일하던 어느 날, 뉴욕에서 열릴 예정인 린타스 크리에이티브 매니지먼트 프로그램의 공문이 왔다. 한국 지사의 크리에이티브 디렉터로서 참가하라는 내용이었다. 그러나 너무 바빠서 참석하지 못했다. 표면상으로는 그랬고, 사세가 기울고 있어 모든 비용을 아끼려고 그랬다. 뉴욕 본사에 정중하게 팩스는 보냈지만 아쉬웠다. 나중에 오길비로 옮긴 후에는 매년 크리에이티브 디렉터 컨퍼런스에 참가해 많은 것을 배웠다.

- 돌파할 만한 크리에이티브 Breakthrough Creative
- 크리에이티브 디렉터 역할의 이해
  Understanding The Role of The Creative Director
- 크리에이티브 성향의 조율 Dealing With The Creative Personality
- 협동 작업 Partnerships
- 빅 아이디어 개발: 단순 광고 제작이 아닌 브랜드 구축
  Developing The Big Idea: Building Brands, Not Making Ads
- 글로벌 시장에 맞춘 아이디어 Globalizing The Idea
- 아이디어의 확장 Expanding The Idea
- 아이디어 팔기 Selling The Idea
- 크리에이티브 팀의 고용, 해고, 인사고과
  Hiring, Firing, Evaluating Creative People
- 재정 관리 책임
  Responsible Financial Management

지금 봐도 근사한 크리에이티브 매니지먼트 프로그램의 의제다. 뉴욕에 가지는 못했지만, 제목만 봐도 답은 쉽게 알 수 있다. 세계의 광고 전문가들을 모아 놓고 교육하기 위한 오래된 의제인데, 지금도 응용할 항목이 꽤 많다. 광고 아이디어뿐 아니라 어떤 유형의 비즈니스건 이 과제들을 우선 해결해야 한다. 뿐만 아니라 회사 전체와 각 부서의 아이디어 수준을 지속적으로 점검하고, 더욱 수준 높은 아이디어를 개발해야 한다. 짧은 시간이었지만 린타스에서 근무하지 않

았더라면 언제 깨달았을지 모르는 일이다.

어떤 일이든 생각하기 나름이다. 아무리 고되고 힘든 일이었더라도 지나고 보면 남는 것이 있다. 물론 그렇다고 밑도 끝도 없이 버티라는 말은 아니다. 버틸 수 있을지 없을지는 당사자가 가장 잘 안다. 인생이 무대라고 했으니, 내가 배우라고 생각해 보자. 언제, 어떤 식으로 새로운 무대에 설지는 내가 결정해야 한다. 어차피 영원한 무대는 없다. 브로드웨이의 장기 흥행작도 언젠가는 막을 내린다. 이번 공연을 마치면 다음 작품을 만나 열정을 다해 뛰면 그뿐이다. 앞으로 내게 닥치거나 또는 닥치지 않을 일을 미리 걱정할 이유는 없다. 지금 나와 같은 공간에서 같은 공기를 호흡하며 열연하는 사람들과 멋진 장면을 만들어 내고 있는 내가 뿌듯하지 않은가?

아차, 컨디션

제일제당 컨디션 광고

CJ의 옛 이름이 제일제당인 것은 대부분이 아는 사실이다. 설탕이 귀하던 시절에는 설탕을, 지금은 문화를 만드는 기업이다. 1994년, 제일제당의 컨디션 TV 광고 의뢰가 들어왔다. 사전 심의 때문에 숙취 해소제는 TV 광고를 하기 어려운 시절이었다. 광고에서 숙취 해소제가 효과적이라는 주장을 할 수 없었다. 음주 장면을 연출하는 것은 당연히 불가능했고, 술 마신 다음 날 숙취가 말끔히 해소된다는 표현도 할 수 없었다. 광고에서 술자리를 표현할 수 없으니 암시적으로 식당 손님들의 신발을 보여 주어도 안 된다고 했다. 오후 6시를 가리키는 시계로 스토리를 시작해도 안 된다고 했다. 광고 제작 후에 카피가 기각될 것을 대비해 미리 심의실에 보여 주면, 접속사 빼고 모든 문장에 빨간 줄을 그어 왔다.

당시 컨디션의 광고 대행을 맡고 있던 기획 팀과 제작

팀이 비상 대책 회의를 열었다. 누군가 뭘 해도 심의에 통과할 수 없으니 이렇게 가자며 카피 한 줄을 내밀었다. "아차, 컨디션!" 술 마실 때 잊지 말고 컨디션을 꼭 챙기라는 메시지였다. 괜찮은 전략이라는 생각이 들었다. 임팩트를 만들기 위해 엄청나게 많은 사람을 등장시키자고 제안했다. 모두 고개를 갸우뚱했다. 고작 15초, 20초, 30초 광고에 얼마나 등장시키느냐고 물었다. 100명은 나와야 하지 않겠냐는 나의 말에 적막이 흘렀다. 아이디어를 설명하기 위해 급하게 다음 날 대충 그린 스토리보드를 보여 주었다. 다행히 기획팀과 제작 팀도 좋다고, 한 번 해보자고 했다.

바쁘게 일하던 회사원이 어느 순간 "아차!"를 외친다. 다음 컷은 다른 회사원. 역시 일하다가 "아차!"를 외친다. 그다음 컷도 다른 얼굴의 "아차!". "아차!"가 지겨울 때까지 이어진다. 이쯤 되면 보는 이는 궁금해진다. '뭐야, 저건?' 광고가 끝날 때 "아차!"를 외치며 손으로 머리를 치는 인물에게 동료가 묻는다. "왜?" 그러자 그가 대답한다. "컨디션!" 마무리로 성우의 간단한 제품 소개 멘트가 나오는 구성이었다.

다만 문제가 있었다. 대행사에 장담은 했지만 실제로 모델 백 명을 섭외하기는 쉽지 않았다. 마침 추석 연휴라 번잡하던 삼성동도 한산해, 복잡한 비즈니스 타운을 찍기도 어려웠다. 급하게 모델 에이전시에 몇 명을 섭외하고 제작진, 프로덕션의 스탭들, 삼성동과 역삼동 일대에 걸어가던 행인들을 출연하게 했다. 나중에는 나도 한 컷 출연하며 열심히 찍었다.

　　결과는 성공! 음주 장면 하나 없이, 암시도 하지 않고, 숙취 해소제 광고의 목적을 무난히 달성했다. 나중에는 심의실에서도 어떻게 그렇게 심의를 잘 피해 갔냐며, 그렇게 할 수 있으면서 왜 광고 만들 때마다 속을 썩였냐고 칭찬했다. 노골적으로 말하지 않는 새로운 구성이라 소비자가 잘 이해할 수 있을지 걱정이었지만, 다행히 소비자들이 메시지를 잘 이해해 주었다. 광고가 회식으로 고생하는 모든 회사원들의 마음을 건드렸는지도 모른다. 여전히 컨디션이 숙취 해소제의 일인자 자리를 차지하고 있는 것을 보노라면 내심 뿌듯하다.

뺄셈의 예술

현대전자 기업 광고

현대전자 기업 광고 제작 의뢰가 들어왔다. 현대전자는 외환 위기 이후 정부의 조치에 따라 지금은 SK 하이닉스가 된 반도체 기업이다. 반도체를 만드는 기업을 우리나라 사람들에게 알리고, 좋은 이미지를 전달하는 광고였다. 대행사에서 개발한 아이디어가 산뜻했다. 스토리보드를 보는 순간 아이디어가 마치 한 장의 강력한 인쇄 광고처럼 다가왔다. '오호, 이런 아이디어는 느낌이 좋아. 잘 만들 수 있을 것 같아.'

오리콤 선배들은 TV 광고 아이디어를 리뷰할 때 '키 비주얼(Key Visual)'이 뭐냐고 항상 묻곤 했다. 영상 광고에는 여러 장면이 등장하지만, 보고 나서 가장 강력한 한 장면이 기억나야 한다는 것이었다. 그래서 내 아이디어가 좋다고, 꼭 이렇게 가야 한다고 목청 높여 떠들다가도 말이 막혀 멈칫하는 적이 있었다. 스토리텔링에만 신경쓰다가 강력한 한

컷에 집중하지 못했기 때문이었다. 그렇다고 키 비주얼만 신경을 쓰면 제품이 뒷전이 될 수도 있었기에 조심해야 했다. 미국에서 공부한 동료 아트 디렉터는 회의 때마다 '뱀파이어 이펙트(Vampire Effect)'를 경계하라고 알려 주었다. 광고 모델이나 광고 유행어는 기억나는데 무슨 제품 광고였는지 기억나지 않는 것처럼, 이미지나 모델이 너무 강력해서 브랜드를 잡아먹으면 곤란하다는 이야기였다.

현대전자 광고 아이디어는 키 비주얼이 뚜렷했다. 넓은 사막에 반도체 칩이 하나 등장한다. 얼핏 보면 다리가 많이 달린 지네처럼 보이는 반도체 칩이 사막 위를 걷는다. 더 많은 칩들이 군대처럼 행진한다. 반도체 칩 군단이 불빛이 찬란한 대도시로 향하는 장면으로 마무리가 된다.

그게 전부였다. 다소 밋밋한 듯하다가, 마지막에 도시로 향하는 장면에서 '아!'하고 깨닫게 되는 한 방이 있는 스토리였다. 이 아이디어를 잘 살려 보자 다짐하며 광고 제작에 들어갔다. 사막을 걷는 반도체 칩은 실사로 촬영할 수가 없어 컴퓨터그래픽으로 만들어야 했다. 영화 〈스타워즈〉의 CG 작업으로 유명했던 회사에 의뢰하고 싶었지만 어림도 없었다. 비용과 시간이 턱도 없이 모자랐다. 국내의 CG 회사들을 찾아보았다. 하지만 역시 조건이 맞지 않았다. 수소문 끝에 '제로원'이라는 신생 회사를 만났다. 광고용 CG를 만든 적은 없는데, 1993년 열렸던 대전 엑스포에서 영상으로 호평을 받았다는 회사였다. 2D로 그린 오래된 세계 지도 위에 3D로 그린 범선 한 척이 유유히 항해하는 짧은 영상이었다. 대단했다. 당시 한국에 그 정도 CG를 만드는 팀이 있다니. 지금은 흔한 VR의 원조 격이었다.

당시 한국의 CG는 초창기라 시행착오를 많이 겪었다. 아이디어마다 작업 시간과 비용이 많이 들어 제작비 견적서를 내기도 어려웠다. 그래서 당시에는 작업의 난이도와 상관없이 초당 이백만 원이 기준이 되었다. 30초면 육천만 원이니, 실사 촬영 제작비와 비슷했다. 공들여 제작했지만 할리우드 영화나 외국 TV 광고의 멋진 CG만 보던 내 눈에는 어설픈 장면도 많았다. 하지만 주어진 여건 안에서 잘하는 것이 미덕이라 생각하고 열심히 배우며, 열심히 제작했다.

중간 시사 날이 되었다. 문제가 생겼다. 당시 신기하기만 했던 CG로 만든 광고인데, 광고주는 뭔가 밋밋하다고 했다. 그러면서 반도체 칩이 여행하는 중간중간에 반도체 제조 공정 장면을 넣어 달라고 했다. 그래야 소비자가 무슨 이야기인지 알 것 같다는 말이었다. 영화에서 자주 사용하는 회상 장면을 의미하는 것 같았다. 회상 장면도 잘 써야 효과가 있지, 짧은 광고에서는 자칫하면 복잡해진다고 설명해 보았지만 몇 번의 저항 끝에 꼬리를 내렸다.

결국 이천에 있던 현대전자 공장에 촬영을 하러 갔다. 하얀 모자를 쓰고, 방진복을 입고, 온몸의 먼지를 털고 들어가니 머리 위에 달린 컨베이어로 부품들이 정신없이 움직이고 있었다. 잠시 쉬는 시간, 작업하던 주인공들이 모자를 벗은 모습을 보고 놀랐다. 20대도 안 되어 보이는 젊은 여성들이었다. 까다롭고 어려운 일이라 늘 작업 인원이 모자라 명절 때 고향 가서 친구들을 데리고 오면 포상하는 제도도 있다고 했다. 광고에서 제품 자체를 보여 주는 것보다 그걸 사용하는 인물의 모습을 보여 주는 것이 효과적이라는 오길비의 말이 떠올랐다. 그의 말을 살짝 응용해, 사용하는 사람이 아닌 만드는 사람의 모습을 보여 주어도 좋을 것 같았다. 반도체 자체를 열심히 촬영하면서도, 젊은 친구들이 땀 흘려 반도체를 만드는 모습을 틈틈히 카메라에 담았다.

광고주의 의견에 따라 수정한 영상으로 광고주 시사도 마치고, TV에도 반도체 공정 과정이 중간중간 들어간 광고 영상이 방영되었다. 추가 촬영도 열심히 하긴 했지만, 처음 기획했던 아이디어대로 만들어지지 않아 아쉬움이 남았다. 어쩔 수 없다. 시사용 테이프만 넘겨 주고 빨리 잊었다.

반도체 칩 하나가 30초 동안 사막을 여행하는 광고가 심심했을 수도 있지만, 마지막 한 방을 강력하게 전달할 수도 있었는데. 아무 일도 벌어지지 않는 것도 때로는 작전이 된다. '적은 것이 많은 것'이란 교훈이 있다. 광고는 뺄셈의 예술이다. 뺄 수 있는 데까지 빼자. 그러고도 하나 더 빼자.

작지만 크게

대우국민차 티코 광고

대우자동차의 옛 이름인 대우국민차의 티코는 1991년 출시된 한국 최초의 경차다. 일본 자동차 브랜드 스즈키의 알토가 원형인 티코는 장난감처럼 앙증맞아 좁은 골목길을 누비며 다녔다. 2001년 이후 단종되었지만, 10년간 국민 자동차 역할을 톡톡히 했다.

티코가 처음 출시될 때 오리콤에서 '작은 차, 큰 기쁨'이란 슬로건으로 열심히 광고했다. '추기경도 즐겨 타는 티코' '아껴야 잘 살죠' 같은 캠페인이 기억에 남는다. 그런데 1995년부터 시장 상황이 달라졌다. 경제적인 티코는 여전히 인기였지만 큰 것을 좋아하는 우리 국민이 아쉬움을 드러내기 시작했다. 연비도 좋고, 자동차세도 낮고, 고속도로 통행료나 공영 주차장 비용이 할인되는 등 혜택도 많지만 차가 작다는 이유로 길에서 무시를 당한다는 불만이 생긴 것이다.

달리다가 도로 바닥에 붙은 껌에 바퀴가 붙으면 선다, 티코는 그랜저 트렁크 안에 들어간다, 고장 나면 뒤집어서 건전지를 갈아 끼운다 등 온갖 농담도 등장했다.

경차는 원래 작게 나온 차다. 탄생 동기가 '국민 누구나 쉽게 소유하고 살 수 있는 합리적 가격의 국민 자동차'였다. 왜 국민들이 불만을 가지는 것인지 고민을 거듭했다. 자동차를 구매한 소비자의 혜택은 '어디든 갈 수 있는 편리한 이동 수단'이다. 하지만 그건 제품의 기능적 혜택이고 심리적 혜택도 살펴보아야 한다. 자동차의 심리적 혜택이라면? '사회적 지위의 상징'이라고 할 수 있다. 자동차는 이동 수단이니 잘 달려야 하지만, 달릴 때나 세웠을 때 남의 시선을 받기 쉽다. 그러니까 남에게 멋있게 보이는 것이 꽤 중요하다. 비싼 돈을 투자해서 샀으니 사람들이 봐 주는 재미도 있어야 했다. 속물 근성이기도 하지만 늘 더 좋은 걸 좋아하는 우리의 본심이기도 하다. 자동차뿐이 아니다. 시장에서 만 원이면 살 수 있을 청바지 한 벌의 가격이 디자이너 브랜드 이름 아래 이백만 원을 넘기도 한다. 당시 가격이 천만 원이 되지 않던 경차 티코에도 같은 심리가 작용한 것이다.

광고주 대우국민차의 주문은 명료했다. '작지만 크게' 찍어 달라는 것! 작지만 크게? 소박하지만 화려하게? 슬프지만 기쁘게? 실제로 작은 차를 어떻게 크게 찍을 수 있는지 반발하고 싶었지만 그래도 찍어야 하니까 방법을 연구했다. 지금은 차량 내부를 컴퓨터그래픽으로 그리기도 하고 초소형 카메라로 찍기도 하지만, 당시에는 그런 방법이 없었다. 카메라와 조명기가 들어가야 하니 촬영을 위해 비싼 자동차를 반으로 자르는 일도 많았다. 하지만 이어진 회의에서 그런 물리적 방법은 효과가 없다고 의견을 모았다.

대신 광고 스토리를 개발할 때 이 차는 경차가 아니라 회사 중역들이 타는 긴 승용차라고 생각하고 아이디어를 냈다. 당시에는 여성 패션 브랜드들이 돈을 많이 쓸 때라 광고에 세련된 커리어 우먼이 자주 등장했다. 거기에 착안해 우리도 커리어 우먼을 주인공으로 설정했다. 스토리는 단순했다. 중요한 프레젠테이션을 앞둔 아침, 주인공이 자신의 티코를 몰고 현장으로 간다. 집에서 나와 운전하며 비장한 마음을 다진 주인공은 큰 빌딩 앞에서 발렛 파킹을 하고 회의장으로 들어간다.

스토리는 좀 심심했지만, 가장 중요했던 광고주의 주문 '작지만 크게'를 잘 수행해 광고주도 만족해했다. 와이드 렌즈의 위력이었다. 티코가 건물 정문 앞에 미끄러져 들어갈 때, 와이드 렌즈로 차의 옆면을 실제보다 훨씬 길어 보이게 찍었다. 편집할 때도 그 장면의 속도를 천천히 돌아가도록 슬로우 효과를 썼다. 티코를 조금이라도 크게 보이고 싶은 간절함을 담은 작업이었다.

광고에서 전달하려는 메시지는 명확해야 한다. 어떻게 해서든 메시지를 잘 전달하려고 안간힘을 써야 메시지가 전해질까말까. 티코 광고도 '커 보이고 싶다' '남들에게 부끄럽지 않은 차로 보이고 싶다'라는 메시지가 명확했기에, 그 부분에 중심을 두고 광고를 제작할 수 있었다. 당연한 이야기인 것 같지만 광고 콘셉트를 두고 여러 이야기를 나누다 보면 그래서 무엇을 가장 중요하게 두어야 하는지 혼란스러워지기 십상이다. 소비자는 광고를 보면서 이 광고가 어떤 의미인지 고민하며 보지 않는다는 것을 잊지 말자. 광고는 분명해야 한다.

한눈에 보는
한국 현대 광고

1950~60년대: 라디오 광고와 TV 광고의 등장

대한민국 최초의 TV 광고는 1956년 방송한 유니버설 레코드의 LP(Long Play) 광고다. 이전의 SP(Standard Play)판은 한 번 틀면 음악을 고작 3-4분 들을 수 있었는데, LP판은 20-30분 정도 손대지 않고 들을 수 있어 인기였다. 광고에서는 남녀가 레코드판 위에서 춤추는 장면을 보여 주어 깨지지 않는 레코드라는 점을 강조했다. 이 시절의 TV 광고는 지금처럼 화려한 동영상이 아니라, 정지된 그림이나 사진에 성우의 목소리를 입혀 슬로건과 제품명을 넣는 수준이었다. 파워포인트의 슬라이드 쇼와 비슷했다.

1959년에는 부산 MBC에서 한국 최초로 CM 송이 있는 라디오 광고를 방송했다. "야야야 야야야 차차차~ 너도 진로, 나도 진로! 가난한 사람들의 보너스, 진로 한 잔이면 걱

정도 없이!"라는 노랫말에 경쾌한 멜로디를 붙인 진로 소주 광고 노래가 라디오 전파를 탔다. 이 광고는 훗날 애니메이션으로 만들어져 영화관에서 상영되기도 했다. 그전까지는 신문 광고와 잡지 광고가 대세였는데, 1960년대로 들어서며 라디오 광고가 인기를 끌기 시작했다.

한국 영화 전성기여서 영화관 광고도 유행이었다. 영화관 광고 역시 제작 비용이 많이 드는 실사보다 애니메이션으로 만든 광고가 많았다. 어릴 때 아버지를 따라 간 영화관에서 나오던 시대 복장의 시대 셔츠 광고가 기억난다. 중절모를 쓴 양복 차림의 신사들이 여러 명 등장하여 음악에 맞추어 춤도 추고 행진도 하는 장면을 애니메이션으로 그린 와이셔츠 광고였다. 그 외에도 소화제 훼스탈, 씹어 먹는 어린이 영양제 원기소, 소화제 에비오제, 조미료 미원, 두통약 사리돈, 감기약 판피린 등의 광고가 홍행했다.

1970년대: TV 광고의 전성시대

1970년대 광고는 CM 송이 인기였다. "12시에 만나요 브라보콘" "맛동산 먹고 즐거운 파티" "흔들어 주세요 써니텐" "손이 가요 손이 가, 새우깡에 손이 가요" "하늘에서 별을 따다… 두 손에 담아 드려요 오란씨"처럼 지금도 여전히 사람들의 기억 속에 남아 있는 CM 송 광고가 모두 이 시기에 등장한 것이다. CM 송을 제작하는 것이 대세가 됨에 따라 가수 윤형주, 김도향, 송창식, 영화음악가 강근식 등 음악가들이 맹활약했다.

1970년대는 흑백 TV 시대였다. 그마저도 집집마다 TV가 한 대씩 있는 게 아니었기 때문에 인기 TV 프로그램을 보려면 돈을 내고 동네 만화 가게에 모여서 봐야 했다. 1970년도에는 내가 아역 배우로 출연했던 KBS의 〈여로〉라는 일일 드라마가 대인기였다. 저녁 6시만 되면 사람들이 만화 가게로 모였는데, 영화관에서 영화를 보던 관객들도 그 시간에는 〈여로〉를 보기 위해 영화관 매점으로 나오곤 했다.

당시에는 방송국의 첨단 영상 장비라고 해도 대용량 영상 저장 장치가 없어 영상을 오래 녹화할 수 없었다. 영화는 필름으로 찍었으니 많이 남아 있지만, 그 당시의 흑백 TV 프로그램의 영상은 남아 있지 않다. 광고도 마찬가지다. 지금처럼 광고 영상을 미리 찍어 저장했다가 편집하여 프로그램 사이에 방송하기가 어려웠다. 그래서 광고를 TV 뉴스처럼 실시간으로 촬영해서 방송하는 '생방송 광고'가 있었다. 한 TV 프로그램이 끝나고 다음 프로그램을 예고하는 시간을 스테이션 브레이크(Station break)라 하는데, 그 짧은 몇 초의 시간 동안 생방송 광고를 준비했다가 카메라에 불이 들어오면 실시간으로 광고를 내보내는 방식이었다. 예를 들어, 긴 탁자에 빵을 진열해 놓고 대기하다가 광고 시간이 되면 배우가 재빠르게 등장해 제품 설명을 하는 식이었다. TV 프로그램명에 광고하는 브랜드 이름을 버젓이 붙이기도 했다. 〈OB 그랜드 쇼〉나 〈해태 어린이 극장〉, 〈롯데 어린이 만세〉 같은 TV 프로그램이 많았다.

1980년대: 감성 광고 시대

1980년대에는 감성적인 광고가 일대 유행이었다. 신인 배우 채시라의 아련한 표정 위로 "가나와 함께라면 고독마저도 감미롭다"라는 카피를 입혀 유명했던 가나 초콜릿 광고, 홍콩 배우 주윤발이 서툰 발음으로 "싸랑해요 밀키스"라고 속삭이던 음료 밀키스 광고, 비 오는 날 소녀와 이별하며 슬퍼하는 장국영이 등장한 투유 초콜렛 광고 등이 인기였다. 한국인의 정(情)을 주제로 장기 캠페인을 벌인 오리온의 초코파이 광고, 배우 김혜자의 "그래, 이 맛이야"라는 카피로 유명한 다시다 광고도 그 시절에 등장했다.

이 시기에는 드디어 한국에도 컬러 TV 방송이 시작되었다. 흑백 영상으로 방송할 때 웬만하면 넘어가던 엉성한 부분이 컬러 영상에서는 적나라하게 드러났다. 거기에 맞추어 다양한 색을 조정하며 방송 영상 품질에도 비약적인 발전이 이루어졌다. 예를 들면 사극의 무대 세트도 실제 경복궁의 궁처럼 정교하게 지어야 했고, 배우들의 분장도 실감나게 해야 했다. 당시 KBS 방송국에 일본의 TV 기술 전문가들이 자주 방문했는데, 한국에 컬러 TV 방송의 노하우를 전수하기 위한 것이었다. 육안으로 모든 색을 정확하게 맞추기는 어려웠는데, 그럴 때는 인물의 얼굴색을 기준으로 색상을 조정하여 맞추곤 했다. 지금처럼 좋은 화질의 영상을 볼 수 있는 기술이 아니었기 때문에, TV의 주사선을 간섭해서 화면을 지글거리게 하는 줄무늬 옷은 입을 수 없는 등 한계도 존재했다. 광고 일을 시작하기 전에 방송에 출연했던 경험이 훗날 커다란 도움이 되었다.

80년대는 1988년 서울 올림픽을 계기로 광고 시장을 외국에 개방하게 된 중요한 시기이기도 하다. 서울 올림픽 이후로 한국 광고 시장은 한국 광고 대행사만의 것이 아니었다. 이후 한국 광고 대행사들은 외국계 다국적 기업과 각축전을 벌이게 되었다.

1990년대: 디지털 시대의 시작

1990년대에는 TV 광고로 이동통신과 인터넷 서비스를 알리기 위한 전쟁이 시작됐다. 이동통신 초창기에 "때와 장소를 가리지 않습니다."라는 카피로 통화가 잘 된다고 한 SK 텔레콤 광고, 우리나라 최남단 마라도에서도 통화가 잘 된다며 개그맨 이창명이 "짜장면 시키신 분!"을 외치던 파워 디지털 광고가 인기를 끌었다. 이동통신 서비스 경쟁이 치열해지자 번호 이동을 권유하는 광고도 등장했다. 헤어진 연인에게 아쉬움을 보이자, "사랑은 움직이는 거야"라는 대사로 공감을 이끌어 낸 한솔엠닷컴의 광고도 있었다. SK 텔레콤, KT, 신세기 통신 등 초고속 인터넷 브로드밴드 망을 소개하는 광고도 많았다.

1993년부터는 인터넷이 상용화되며 광고업계에 지각 변동이 일어났다. 1994년에는 세계 최초로 디지털 배너 광고가 등장했다. '핫와이어드(HotWired)'라는 웹사이트가 볼보, IBM 등의 배너 광고를 만들어 인터넷에 띄운 것이었다. 초창기 배너는 그림을 넣기에는 좁아서 주로 헤드라인 위주로 광고를 만들었다. 누르면 홈페이지나 광고 페이지로 연결되기 시작한 것이다. 인터넷을 통해 쌍방향 커뮤니케이션이 본격적으로 시작됐고, 소비자도 적극적으로 기업의 광고와 마케팅에 직접 참여하는 계기가 되었다.

　다만 배너 광고는 머지않아 인기가 떨어지기 시작했다. 배너 광고가 너무 많아지자 자료나 기사 검색을 방해했고, 소비자가 웬만해서는 배너를 클릭하지 않아 매출로 이어지지 않았다. 그래서 1996년에 더블클릭(DoubleClick)이란 회사가 최초로 광고가 필요한 대상에게만 보이게 하는 타깃(Target) 광고 캠페인을 선보였다. 구글 역시 소비자의 구글 검색 기록과 검색 선호도를 토대로 한 '구글 애즈(Google Ads)'란 플랫폼으로 시장을 지배하고 있다.

2000년대 이후: 소셜 미디어의 시장 장악

2000년대 이후 광고 시장은 소셜 미디어가 장악하고 있다. 온라인 세상을 지배하던 블로그에 이어 2007년 페이스북 광고가 시작되면서, 이제 세계의 광고는 구글과 페이스북이 지배하는 실정이다. 2006년 구글의 유튜브 인수, 2012년 페이스북의 인스타그램 인수 등 두 기업은 서로 치열하게 경쟁하고 있다. 게다가 미국에서 시작한 중국 기업 바이트댄스의 틱톡이 등장하여 막강한 위력을 발휘하는 중이다.

　세계 각국의 TV 방송사는 광고 영업의 주도권을 소셜

미디어 회사에게 넘겨 주고 만 셈이다. 영상 광고는 이제 TV 방송국 대신 영상을 기반으로 더욱 강력해지진 유튜브와 페이스북에서 활발하게 방영되는 모양새다. TV 영상 광고를 만들어서 소셜 미디어를 통해 전 세계로 확산하는 시대가 되었다.

막강한 광고 수단으로 등극한 인플루언서도 빼놓을 수 없다. 이전에 아프리카 TV와 네이버 블로그를 중심으로 활약하던 블로거들은 유튜브의 성장에 따라 자연스럽게 유튜브로 이동했다. 이어 인스타그램과 틱톡으로도 진출하여 전성기를 구가하고 있다. 기업의 마케터들은 광고 대행사의 전문 영역을 벗어나 활약하고 있는 유명 인플루언서들과도 직거래하며 매출 향상에 애쓰고 있다.

인기 아이템으로 무장하여 인기 지역에 단기간 출몰하는 팝업 스토어도 마케팅 수단으로 각광받고 있다. 장기적인 브랜드 빌딩에 실질적으로 도움이 되는지, 폐기물을 양산하는 문제는 어떻게 해결할지, 인기 지역의 치솟는 임대료와 젠트리피케이션(Gentrification) 문제는 어떻게 할지 등 아직 그 허와 실을 따지기는 어렵지만, 젊은 소비자들의 관심을 끄는 강력한 마케팅 수단으로 부상한 것은 틀림없다.

2022년, 생성형 AI가 등장하자 발빠른 광고인들이 이를 광고의 여러 분야에 활용하기 시작했다. 제품 개발을 위한 각종 조사는 물론 광고 기획을 위한 콘셉트 결정, 카피와 디자인, 영상 제작을 인공지능이 대신해 주는 시대가 된 것이다. 일자리를 잃게 될까 걱정하는 이들도 있다. 하지만 걱정하기보다 영민하고 충직한데 연봉은 낮은 비서를 두었다고 생각하고 슬기롭게 활용할 일이다. 화재를 걱정해서 전기차를 타지 않을 수는 없는 노릇이니 말이다.

2장

기획자의 영감 노트

삐딱한 시선

비틀고 뒤집은 이야기의 매력

사람들은 심심한 이야기에 반응하지 않는다. 그래서 '삐딱한 시선'이 필요하다. 당연히 그렇다고 생각하지 말고, '누가 그래?'라고 시비를 걸어 보자. 아이디어가 갑자기 재미있어진다. 이유는 간단하다. 아이디어란 결국 '신경 쓰이게 하는 것'이기 때문이다. 재미있어야 사람들이 듣고, 아이디어를 사 준다. 고심 끝에 아이디어를 내놓았는데 회의실 공기가 갑자기 싸늘해지면 발표하지 않느니만 못하다. 모인 사람들의 아까운 시간만 낭비한 셈이니까. 재미없는 아이디어를 3분 동안 이야기했는데 팔지 못했다면? 그런데 회의실에 모인 사람이 열 명이었다면? 다른 사람들의 소중한 시간을 뺏은 셈이 된다. 그렇게 생각하면 무섭다.

아이디어 세계에서 얌전한 이야기는 아무도 듣지 않는다. 예의상 듣는 척은 할 수도 있지만 기억하지 않는다. 착한 아이디어는 쉽게 밟힌다. 일본의 어느 크리에이티브 디렉터는 이런 말을 했다. "인생은 성실하게만 살기에는 지루하다." 모두가 악당이 되자는 건 아니지만, 착한 아이디어는 내지 말자는 것이다. 드라마에도 갈등이 없으면 아무도 보지 않는다. 연인이 있으면 반드시 연적이 나타나고, 결혼하려 했더니 배다른 형제이고, 우여곡절 끝에 결혼해서 행복하게 사나 했더니 한 명이 백혈병으로 죽는다. 신경 쓰이게 해야 아이디어다.

데이비드 오길비는 "재미없는 아이디어는 깜깜한 밤에 지나가는 배와 같으니, 빅 아이디어를 내라."라고 조언했다. 칠흑 같은 밤에 소리 없이 지나가는 배는 아무도 모른다. 그래서 내가 봐도 이상한 아이디어를 내야 한다. 좀 유치하더라도 배에 무지개색 조명을 켜든지, 음악을 크게 틀면서 항해하든지 해서 듣는 이가 신경을 쓰게 해야 한다.

뭔가 말하고 싶은 아이디어가 있다면 잠시 멈춰 보자. 그리고는 그대로 표현하지 말고 삐딱한 시선으로 한 번 다시 보자. 아이디어가 갑자기 재미있어질 것이다. 비틀어 보는 것이다. 그러다 보면 재미있는 아이디어가 나온다. 애거사 크리스티의 《커튼》이란 작품에도 이런 대사가 나온다. "누구나 자기 생활에 흥분을 불러일으켜 줄 약간의 위험을 원한다네. 나는 이것만은 확신할 수 있어. 인간이란 본능적으로 지나친 안전을 싫어한다는 걸." 위험한 아이디어가 성공 확률이 높다. 삐딱하게 보고, 비틀어야 성공한다. 처음에는 위험한 생각이었지만, 성공한 사례는 많다.

1968년 멕시코 올림픽 이전까지 높이뛰기 선수들은 대부분 다리를 옆으로 벌려서 뛰는 가위 뛰기나 바닥을 보며 뛰는 엎드려 뛰기의 자세를 취했다. 그런데 딕 포스베리라는 무명 선수가 하늘을 보고 등으로 막대를 뛰어넘어서 2미터 38센티라는 세계 신기록을 세운다. 그 이후에 올림픽에서 엎드려 뛰기를 시도하는 선수는 아무도 없다. 포스베리는 "높이 뛰기만 하면 되지, 누가 꼭 땅을 보고 뛰래?"라는 삐딱한 생각을 했다. 결국 포스베리는 높이 뛰기의 역사를 새로 쓴 인물이 되었다.

　이런 이야기도 있다. 미국의 한 출판 업자가 책이 팔리지 않아 골치를 앓고 있었다. 어느 날 아이디어가 떠올랐다. '대통령에게 책을 보내서 감상평을 하나 써 달라고 하자!' 대통령은 너무나 바쁜데 그 출판 업자가 계속 책을 보내 귀찮게 하자 짧게 한마디를 적어 보내 줬다. "괜찮은 책." 출판업자는 대통령의 이름을 빌어 광고를 대대적으로 했고, 책은

단 하루 만에 동이 났다. 얼마 뒤 또 다시 재고가 쌓이자 출판 업자는 대통령에게 또 책을 보냈다. 대통령은 이번에는 그를 골탕 먹이려고 "완전 엉터리 책."이라는 답변을 보냈다. 출판 업자는 이렇게 광고를 했다. "현직 대통령이 몹시 싫어하는 책." 그랬더니 사람들이 앞다투어 책을 사들이기 시작했다. 그 후 출판 업자는 대통령에게 세 번째 책을 보냈다. 대통령은 이번에는 아예 회신을 하지 않았다. 출판 업자는 또다시 대대적으로 광고했다. "대통령도 할 말이 없어진 책." 그 책 역시 눈 깜짝할 사이에 모두 팔려 나갔고 출판 업자는 큰 돈을 벌었다.

　미국의 출판 업자 이야기는 꾸며 낸 이야기일지도 모르지만, 그게 중요한 것은 아니다. 스토리텔링에서 배우자. 스토리의 필수 요소는 갈등이다. 연인이 만나 백 살까지 행복하게 살았다는 스토리는 아무도 듣지 않는다. 주제와 관련 있는 삐딱한 스토리를 준비하자. 청중은 스토리를 좋아한다. 비즈니스에 몸 담고 있는 많은 이들이 데이터가 설득력 있는 자료라고 보지만, 데이터에는 감동이 없다. 신경과학자들은 사람들이 인식의 여부에 관계 없이 감정적인 반응에 영향을 받아 결정을 내린다고 말한다. 결국 사람들의 지갑을 여는 것은 사람들의 마음을 움직였느냐에 달려 있다.

오늘 발표할 아이디어가 충분히 삐딱한가? 위험한가? 모두를 놀라게 할 만큼? 모범생의 아이디어는 누구도 들으려 하지 않을 것이다.

정답에 시비를 걸어라

반대 리스트 # 뷰파인더 # 아이러니

아이디어를 내다 보면 어느 순간 정답이라 생각되는 것이 나온다. 사람들도 대충 그게 좋겠다고 한다. 그 말을 들으니 나도 괜찮은 것 같다는 마음이 든다. 그러나 사실은 그렇지 않다. 좀 더 생각하면 더 좋은 생각이 있을 것이 틀림없으니까. 나도 안다. 하지만 마감이 있기 때문에 어느 순간에 멈춘다. 물론 어느 지점에서는 결정을 내려야 한다. 그렇지만 결정을 내리려는 그 순간, 정답이라고 생각되어도 마지막으로 시비를 걸어 보자. 정답이 정답이 아닐 수도 있다.

좋은 아이디어를 위해서는 '유연한 사고'를 가져야 한다. 어떤 문제에 대한 답이 하나라는 생각을 버리자. 우리는 어릴 때부터 시험을 많이 치르다 보니 정답을 찾도록 훈련이 되었다. 정답은 바른 답, 하나일 것이라고 모두 암묵적으로 합의한 답이다. 모든 문제에 답이 하나면 편리할 것이다. 선생님이 채점하기도 좋다. 하지만 인생이 그리 쉬운가? 고객이 그리 쉬운가? 늘 다른 가능성을 생각하는 연습을 할 필요가 있다.

물론 누구나 처음에는 여러 개의 답을 생각한다. 하지만 시간이 지날수록 최종 결정을 염두에 두고, 하나의 선택지만을 남긴 채 다른 가능성을 지워버린다. 더 큰 문제는 여러 개의 답 중에서 가장 안전한 답을 고른다는 점이다. 여러 명이 모여 결정하는 마지막 순간에 그런 경향이 많이 나타난다. 여럿이 판단을 내릴 때에는 각각의 사람이 다 만족하지 않지만, 크게 반대할 이유도 없는 아이디어가 최선의 답으로 등극하기 쉽다. 서로 다치지 않게 보험을 드는 셈이다. 그렇게 되면 머리가 굳어 버려 융통성 있는 생각을 더 이상 하지 않게 된다.

아이디어란 원래 문제를 해결하는 것이다. '매출을 더 올리고 싶다.' 같은 문제를 푸는 게임이다. 답은 간단하다. 많이 팔면 된다. 그런데 많이 파는 방법이 하나가 아니라는 것이 문제다. 하나라고 생각하는 것이 더욱 큰 문제이기도 하다. '매출을 올리기 위해 점포 수를 늘리자. 매출을 더 이상 올릴 수 없으니 비용을 줄이자. 그래도 안 되니 가격을 높이자. 반대로 경쟁사 제품보다 가격을 낮추자. 중국에 못

파니 인도로 가자. 모바일이 대세니 오프라인 매장을 모두 없애자. 오프라인 매장에서 모바일로 팔아 보자. 광고비를 몽땅 털어 넣어 제품을 사서 샘플링을 하자. 잘 되는 제품에 끼워 팔자. 경쟁사를 공격해서 우리 제품이 돋보이게 하자. 제품의 이름을 바꾸자.' 등등 여러 가지 답이 존재한다. 다양성이 바로 아이디어다. 정답이 하나라는 생각에 반대해 보자. 그러면 신선한 아이디어가 저절로 나온다.

유연한 사고를 가지기 위한 연습 방법이 있을까? 쉬운 방법이 있다. 첫 번째는 나만의 '반대 리스트'를 만들어 하루에 세 가지 정도를 적어 보는 것이다. 우리의 머리는 늘 가던 길로만 가려는 성향이 있어, 의식적으로 노력하지 않으면 머릿속의 생각은 그게 그거다. 그러니까 그 상자에서 자꾸 밖으로 벗어나는 훈련을 할 필요가 있다. 물론 이 제안에 반대하는 것도 좋은 생각이다.

또 다른 방법은 평소에 하지 않던 일을 해 보는 것이다. 평소에는 주말 오전 늘어지게 잠을 자는 것이 일상이었다면 아침 일찍 일어나 공원에 나가 보자. 춤과는 거리가 멀었다면 춤을 배워 보자. 새로운 경험으로부터 보이는 것들이 있다. 다른 분야를 기웃거려 보라. 아이디어를 내기 위해 수많은 자료를 조사하곤 하지만, 동종업계에서 이미 다른 사람들이 다 알고 있는 내용이라면 크게 중요하지 않다. 눈을 다른 데로 돌려 보자. 식품 쪽 사업을 구상한다면 화장품 쪽을 공부하고, 태양광 사업을 한다면 엔터테인먼트 사업을 배우는 식이다. 평소에 내 일과 전혀 관계 없다고 생각하던 분야에서 힌트를 얻을 수 있다.

유연한 사고로 아이디어를 내는 데 도움이 될 방법이 하나 더 있다. 하루종일 카메라의 뷰파인더(View Finder)로만 세상을 보는 것이다. 기존의 것에 반대한다는 것은 나만의 관점이 있다는 뜻이다. 누구나 똑같이 보는 거리도 내가 보면 다르게 볼 수 있다. 그래서 새로운 관점(View)을 찾는 (Find) 훈련이 필요하다.

카메라 뷰파인더를 통해 사물을 보면 같은 대상인데도 볼 때마다 새로운 느낌이 든다. 녹음기로 녹음한 내 목소리가 낯설게 들리듯, 보는 것에 대한 새로운 관점을 얻을 수 있다. 마치 영화 촬영 감독이 된 기분을 느낄 수 있는 건 덤이다. 촬영 감독은 독특한 관점을 위해 절대 사람의 눈높이에서만 촬영하지 않는다. 카메라를 낮추거나, 드론에 실어 높이거나, 비틀어 본다. 물론 24시간 내내 카메라를 들고 다닐 수는 없다. 시간을 정해 놓고 하면 된다. 그 시간만큼은 세상의 모든 것을 네모난 창으로 들여다보는 것이다. 동그란 달도, 해바라기도, 지평선도, 높은 빌딩들도 사각 프레임 안에 가두고 잘라서 보면 전혀 몰랐던 이미지로 다가온다. 그러다가 정말 새로운 장면을 만나면 핸드폰 카메라로 찍어두어도 좋다. 그 이미지를 나중에 프레젠테이션 할 때 써먹을 수도 있다.

아이러니를 활용하는 방법도 있다. "야, 이건 정말 아이러니다!" 좀 황당하거나 엉뚱한 상황을 만날 때 이런 말을 한다. 그런데 그것이 나쁜 것은 아니다. 그 상황이 내 마음을 건드렸다는 뜻이니까. 이걸 아이디어에 활용해 보자. 듣는 이의 마음을 건드릴 확률이 높아진다. 아이러니는 원래 '비꼬는 말'로, 반어, 역설, 모순과 비슷하게 단어를 표면의 뜻과는 반대로 표현하는 방법이다. 겉과 속이 다르니까 결국은 엉뚱한 표현이 된다. 감상자는 순간적으로 당황한다. 하지만 그 속셈을 알아차리는 순간 짜릿한 재미를 느끼게 된다. 여기에 길이 있다.

아이러니는 문학 작품이나 연극, 영화, 광고에 정말 많이 나타난다. 연극에는 '드라마틱 아이러니(Dramatic Irony)'라는 것이 있다. 말 그대로 극적인 아이러니라는 뜻이다. 예를 들어, 주인공을 죽이려는 암살자가 방문 밖에 숨어서 그 사람이 나오기를 기다리고 있다. 주인공은 그것도 모르고 휘파람을 불며 외출 준비를 한다. 문을 열고 나간다. 이 장면을 보는 우리는 안타깝다. '저런 바보, 지금 나가면 죽는데!' 주인공은 왜 그걸 모르고 있는 것일까? 작가가 만들어 놓은 상황에 관객들은 답답해한다. 이것이 바로 드라마틱 아이러니다.

아이러니가 문학 작품에만 쓰이라는 법은 없다. 아이디어 역시 아이러니다. 아이디어에 드라마틱 아이러니를 응용해 보자. 아이러니는 아이디어를 듣는 이에게 재미를 준다. 쉽게 공감을 이끌어 낼 수 있는 방법이다. 공감을 얻어야 호의가 생기고, 그래야 그 아이디어를 산다. 광고 카피에 아이러니를 적용한 예도 많다. "드럼을 치기 전에는 사람을 치는 게 직업이었다." 일본 야마하 드럼의 광고 카피다.

인간 두뇌의 잠재력은 놀랍다. 아인슈타인도 자기 잠재력의 15%만 사용했다고 한다. 그러니 늘 추리 소설 작가처럼 생각하고, 추리하고, 상상하는 연습을 해야 한다. 그래야 나도 모르는 사이에 창의적인 생각이 튀어나온다. 물론 현대 사회를 살아가는 우리는 모두 몸과 마음이 바쁘다. 그렇게 하면 좋은 아이디어를 낼 수 있는지 몰라서 하지 않는 게 아니다. 시간이 나질 않는다. 그래도 머릿속으로 생각만 한 사람과 시작한 사람과는 차이가 나기 마련이다. 짬을 내어 반대 리스트를 한 번 적는 것으로 시작해 보자. 그 속에서 세상을 바꿀, 아니 바꾸지는 못해도 세상에 도움이 될 아이디어가 튀어나올지도 모른다.

돌려 말하는
스핀 닥터

재구성의 힘

'스핀 닥터(Spin Doctor)'라는 역할이 있다. 케임브리지 사전에서는 이 단어를 '아이디어, 사건 등을 실제보다 더 낫게 만드는 사람, 특히 정치에서 많이 사용함.'이라고 정의한다. 메리엄 웹스터 사전에서는 '사람들이 특정 관점에서 사건을 해석하도록 만들 책임을 가진 사람(정치 보좌관으로서).'이라고 설명한다. '스핀(Spin)'은 돌린다는 뜻이다. 그러니까 스핀 닥터는 내용을 돌리거나 비틀어서 자기에게 유리한 방향으로 만드는 달인이라고 볼 수 있다.

스핀 닥터라는 단어는 1984년 미국의 〈뉴욕타임스〉 사설에서 처음 등장했다. 당시 미국은 대통령 선거가 한창이었다. 대통령 후보들이 TV 토론을 마치자마자 각 진영의 스핀 닥터들은 서로 자기 진영에 유리하도록 홍보력을 발휘했다. 가장 능력 있던 스핀 닥터는 뭐니 뭐니 해도 클린턴 전

대통령의 스핀 닥터다. 그 덕에 클린턴 전 대통령은 재임 기간 내내 성추문 사건에 휘말려 탄핵 소추를 받으면서도 항상 60% 이상의 지지율을 유지했다.

정치 분야에서 스핀이란 선전의 한 형태다. 그래서 나쁘게 보이기도 한다. 때로 부적절하고, 기만적이고, 고도로 조작적인 전술을 사용하기 때문이다. 흔히 쓰는 방법은 '묻어버리기'다. 자신들에게 부정적인 정보가 드러나면 주말 직전의 금요일, 근무 시간이 끝날 때 공개하여 소문이 퍼지는 것을 방지하고 다른 화제가 될 만한 뉴스를 터트려 이야기를 슬그머니 덮어 버린다. 연설의 일부만 인용하는 방법도 있다. 정치인이나 경쟁자가 이전에 한 연설에서 선택적으로 고른 인용문을 사용해 특정 입장을 지지한다는 인상을 주는 것이다. 비겁하지만 경쟁 정치인에 대한 그릇된 정보를 의도적으로 유출하여 부정적인 인상을 주기도 한다. 기업에서도 스핀은 브랜드에 불리하거나 좋지 않은 상황이 생길 때 활용한다.

스핀에 사용하는 기본적 전술은 '재구성'이다. 문제나 사건에 대한 인식을 새롭게 다시 구성하는 것이다. 예를 들어 자사 제품에 안전 문제가 있는 것으로 밝혀지면, 경쟁 제품의 안전을 비판하거나 전체 제품 범주와 관련된 위험을 강조하는 식으로 논점을 흐린다. 사회적인 문제가 발생했을 때 책임을 져야 할 정치인들이 언론에 나와 '실수가 있었다.'라고 말하는 경우가 있다. 실수가 있었다는 말은 어떤 상황을 부적절하게 처리했다는 것을 인정하는 말이다. 그런데 누가 실수했는지는 말하지 않는다. 실수에 대해 추상적으로 인정하지만, 개인적인 책임을 인정하지 않고 다른 사람을 비난하지도 않는다. 일부러 '실수'라는 단어를 사용해 이 사건은 절대로 누군가의 의도가 들어 있지 않고 누구의 책임도 없는 일이라는 뉘앙스를 표현하는 것이다. 이렇게 보면 스핀 닥터는 상당히 부정적으로 보인다.

부정적인 스핀 닥터를 어떻게 아이디어 세계에 적용할 수 있을까? 실수를 덮는 용도로 사용하자는 이야기가 아니다. 아이디어를 표현할 때, 이왕이면 긍정적으로 표현하자는 것이다. 말에는 힘이 있다. 아이디어를 설명할 때 "이 아이디어는 아직 완벽하진 않지만…"이라고 시작하면 바로 거절당한다. 잔뜩 기대하고 있다가 시작부터 그 말을 듣는 이의 반응을 생각해 보라. 속으로 '그런데 왜 왔니?'라고 생각하지 않을까? 겸손의 표현으로 사용한 것이겠지만, 듣는 이는 완벽하지 않은 아이디어를 가져와 사 달라고 떼를 쓰는 걸로 받아들인다.

비즈니스는 자신감이다. 아이디어도 자신감이다. 상대에게 믿음을 주어야 하는데 처음부터 뭔가 조금 모자란다는 느낌을 주면 아무 아이디어도 팔지 못한다. 바로 그럴 때 스핀을 써야 한다. 세상에 완벽한 아이디어란 없다. 내 아이디어가 2% 모자라더라도 스핀을 써서 98%의 좋은 점을 강조하는 게 낫다. '어차피 조금 부족하니, 한 번 제시나 해 보자!'라는 배짱을 가지자. "당신의 비즈니스에 극적인 도움을 줄 아이디어를 준비했다."라고 자신 있게 시작하는 것이다.

어느 세계적인 광고 대행사는 제안서 마지막 슬라이드에 반드시 행동 계획을 넣는다. 광고 전략과 실행 아이디어를 모두 발표한 후, 비즈니스를 따게 되면 수행할 약속을 명시하는 것이다. 마지막 슬라이드의 제목은 이렇다. '이번 광고의 대행을 맡게 되면 100일 안에 반드시 수행할 약속'. 이 대행사는 아직 일을 따지 못했지만 앞으로 함께 일을 하게 되면 제공할 서비스를 매우 구체적으로 제안한다. 앞으로 대행하게 되면 함께 일할 특별 전담 팀을 구성하겠다거나, 아예 담당 직원 한 명을 광고주 회사로 출근하여 일하게 하겠다거나, 광고 대행 수수료를 할인해 주겠다는 약속이다. 물론 쉽지 않은 일이지만 그렇게 하면 광고주에게 좋은 인상과 기대감을 줄 수 있다. 긍정적인 반응을 유도한다는 목적으로 생각하면 쉽다.

　꼭 아이디어를 발표할 때만 스핀 닥터 전략이 필요한 것이 아니다. 한창 젊은이들 사이에서 유행했던 '오히려 좋아'라는 대사도 긍정적인 스핀 닥터 전략에 속한다. 당장 닥친 상황이 암담해 보이고 내가 가져온 아이디어가 부족하다고 느껴져도, 다른 관점으로 재구성해서 다시 보자. 내가 좋다고 믿으면, 다른 사람도 다르게 본다.

엄숙 금지:
인상 쓰는 사람이
좋은 아이디어 낼 수 있을까?

유연하고 즐거운 태도

처음 광고 대행사에 입사했을 때는 모두가 멋져 보였다. 어디에서 이런 예술가들을 모았지? 감히 말을 걸기도 어려웠다. 다들 머리 뒤로 신비한 기운을 내뿜고 있었다. 아이디어가 떠오르지 않는지 하루종일 인상을 쓰고 있는 사람도 많았다. 그런데 세월이 지나고 보니 광고 회사에는 두 종류의 사람이 있다는 것을 알게 됐다. 하루종일 떠드는 사람과 하루종일 인상 쓰는 사람이다. 누가 더 좋은 아이디어를 낼까? 떠드는 사람이다. 말 시키지 않아도 먼저 말 거는 사람이다. 묻지 않았는데도 쉬지 않고 떠드는 사람이다. 남의 일에 끼어드는 사람이다. 그렇다. 좋은 아이디어를 술술 내려면 성격이 밝아야 한다.

엄숙주의를 경계하자. 운명이 달린 엄숙한 주제일수록 마음을 가볍게 가질 일이다. 완벽하게 해내겠다는 각오가 어깨에 힘이 들어가게 한다. "완벽함에 대해 두려움을 갖지 마라. 절대 도달하지 못할 테니까." 스페인의 초현실주의 화가 살바도르 달리가 한 말이다. 엄숙하지 말자. 나라 잃은 시인처럼 인상 쓰면 멋있어 보일지 모른다. 아이디어가 나오지 않아서 그러는 것은 안다. 하지만 그런 마음 상태에서 좋은 아이디어가 나올 리가 없다.

우리의 일은 상대의 마음을 얻는 일이다. 얻지 못해도, 건드리기라도 해야 하는 일이다. 사람들은 엄숙한 세일즈맨과 대화하고 싶어 하지 않는다. 아무리 맛있는 음식을 팔아도 주인이 하루종일 인상을 쓰고 있는 식당이라면 가기 싫다. 상대의 마음을 건드리고 싶다면 우선 마음 상태를 유연하게 만들 필요가 있다. 귀와 마음을 열지 않으면 좋은 아이디어가 바로 눈앞에 나타나도 모르고 지나친다. 인생을 지나치게 엄숙하게 대할 이유가 없다. 아이디어를 잘 내고 싶다면 조금은 장난스러워야 한다. 이왕이면 늘 즐거운 마음 상태를 유지하자. 그래야 즐거운 아이디어가 나온다.

어느 조직에나 엄숙함을 유지하며 괜히 퉁명스럽게 말하는 사람들이 있다. 그래야 권위를 지킬 수 있다고 생각하는 듯 하다. 하지만 바로 그 권위가 문제다. 권위는 톡톡 튀는 아이디어가 나오지 못하게 하는 주범이다. 회의 때 아이디어를 발표해도 퉁명스럽게 "그런데?"라고 대꾸하는 사람이 있다. 그 순간 아이디어는 연기가 되어 사라진다. 존경심도 함께 사라진다. 특히 후배가 한 명이라도 있다면 후배가 아이디어를 발표할 때, 권위 의식을 버리고 아이디어를 받아들이는 연습을 해야 한다. 그것이 모두가 함께 사는 지름길이다. 혹시 내가 누군가의 상사라면, 어디에 속하는지 점검해 보자.

네 탓이야 형

이런 상사는 일이 잘되지 않으면 희생양부터 찾는다. 자기는 잘 지시했는데 후배가 능력이 없어 그르쳤다고 몰아 간다.

너무 바빠 형

이 상사는 처음에 절대 자세히 설명해 주지 않는다. 그랬다가 잘 안 되면 자기가 다치기 때문이다. 후배가 아이디어를 내는 것을 보다가 나중에 자기 의견을 살짝 얹는다. 자기도 처음부터 그렇게 생각하고 있었다고 말하기도 한다.

위기 조장 형

무슨 일이든 항상 큰일이라고 말한다. 늘 회사나 팀의 운명이 달린 위기라고 한다. 다짜고짜 빨리 아이디어를 내라고 재촉한다. 야근은 기본이다.

감독관 형
세상에서 자기가 제일 일을 잘한다고 생각하는 유형이다. 그래서 계속 감독한다. 전화 사용법까지 설명해 준다. 후배 직원은 뒤통수가 뜨거워서 아이디어를 낼 수가 없다.

내가 하지 형
자기가 다 하는 유형이다. 아이디어도 자기 아이디어만 채택한다. 고마울 뿐이다. 후배는 놀아도 된다. 무언가 열심히 하는 척하면서 인터넷 검색이나 쇼핑을 할 수 있다. 다만 이런 상사 아래에서는 성장을 기대할 수 없다.

4차원 형
"그건 전략적이지 않아. 크지만 작게, 비싸지만 싸게 할 수 없어? 당신이 외계인이라고 생각해 봐!"라고 말한다. 아이디어가 꼬인다.

기획서나 보고서를 써 가면 내용을 보지 않는 상사도 많다.

철자법, 글자 크기를 지적하느라 시간이 없기 때문이다. 그 정도는 낫다. 어떤 상사는 맘에 들지 않는다고만 말하고 그래서 어떻게 해야 좋을지는 결코 이야기해 주지 않는다. '왜 직원들이 나처럼 생각하지 못할까?'라는 생각만 하는 상사도 많다. 후배는 답답하다.

인상 쓰고 있는 사람이 상사만 있는 것은 아니다. 상사 입장에서도 후배가 답답할 때가 있다. 후배 입장이라면 자신이 어디에 해당하나 점검해 보자.

기피 형
아이디어를 내라고 하면 일단 못할 것 같다고 말한다. 이런 일엔 숙맥이라고 하면서 피하고 본다.

예스맨 형
상사의 신뢰를 얻으려고 무조건 하겠다고 말한다. 그런데 다 잘하지 못한다. 상사가 시키는 일을 모두 받았기 때문이다. 하나를 마치고 다음 것을 하려고 생각했겠지만 불가능하다.

똑똑해 형

'그 정도는 알아요.'라는 생각으로 대충 듣고 나중에 실수한
다. 무슨 일이든 간단하다고 생각하고 자신 있어 한다.

형식주의자 형

아이디어보다 형식에 집착한다. 그래프, 차트 같은 시각 자
료를 만드느라 밤을 새운다. 며칠 밤을 새우며 열심히 했다
고 주장하지만, 장표 모음과 단축키를 외우다 시간을 전부
허비한다.

근시 형

가장 답답한 후배다. 좀처럼 큰 그림은 보려 하지 않는다.
세세한 부분에만 신경을 곤두세우는 유형이다. 그에게 절대
지름길은 있을 수 없다.

상사건 후배건 머리를 좀 더 유연하게 만들 필요가 있다. 열
린 마음 상태를 유지해야 좋은 아이디어를 만날 수 있다. 물
론 우리 생활이 늘 즐거울 리는 없다. 하지만 애써 그렇게
만들어야 한다. 언어가 사고를 지배한다고 했다. 기분 좋은
아이디어가 전파력이 높은 법이다. 즐거운 상태에서 계속 전

달되기 때문이다. 기분 좋은 기운을 함께 가지고 있는 아이디어는 애쓰지 않아도 널리 퍼진다.

멍청해지자

단순하게 생각하는 용기

우리나라 사람들은 걱정이 많다. '혹시 이런 아이디어를 이야기했다가 비난받으면 어떡하지?' '다시는 내 얘기를 들으려 하지 않을 거야.' '아이디어가 없다고 찍히지 않을까?' '그럼 회사에서 나한테만 일을 안 주는 건 아닐까?' '그러다 내 쫓으면 어떡하지?'

'오버씽킹(Overthinking)'이라는 말이 있다. 말 그대로 생각이 너무 많다는 뜻이다. 우리는 늘 똑똑하다는 말을 들으려 노력한다. 제법 그럴듯한 아이디어가 나왔는데도 또 생각한다. 그런데 너무 지나치게 생각하다 보면 어느 순간 제 꾀에 제가 넘어가, 세상에 나올 수 있던 좋은 아이디어도 나오지 못하게 된다.

그냥 우기자. 내 아이디어가 정말 좋다고 말하자. 그동안 이번 프로젝트에 대해 내가 가장 많이 생각하지 않았나?

지적을 두려워하지 말자. 모두의 지적을 받아들이면 망친다. 누가 공격할까 봐, 누가 비난할까 봐 이리저리 피하지 말자. 공격하지도 않았는데 미리 피하지 말자. 어차피 모두가 만족할 아이디어란 세상에 없다. 이번 일은 내가 가장 잘 안다고 생각하자.

물론 어느 순간에는 치밀하고 꼼꼼한 고민을 거치는 과정이 필요하다. 그렇지 않으면 아이디어를 대충 마무리할 수도 있을 테니까. 하지만 세상에서 가장 훌륭한 아이디어를 내겠다는 사명감에서 벗어나는 것이 좋다. 자칫 경계를 넘어서면 용기가 없어지고 만다. 열심히 생각하다가 대충 어느 선에서 멈추고 발표할 필요가 있다. 반응이 좋지 않으면 다시 하면 된다. 일단 시도하고 보자. 잘 안 맞았으면 빨리 다시 조정하는 것이다.

지나치게 남을 의식할 필요 없다. 가끔은 어른도 아이처럼 단순하게 생각해야 한다. 어른은 새로운 일을 받으면 지난번에 어떻게 했는지 묻는다. 처음부터 잘하는 것처럼 보이려는 것이다. 하지만 아이들 세계에는 지난번이 없다. 아이들은 창피해하지 않는다. "그건 왜 그래요?"라며 부딪치고 계속 질문한다. 그러다가 신선한 아이디어를 만난다. 어른처럼 대책이 없는 사람, 실없는 사람이란 비난을 두려워하지 않는다. 아이들은 구속받지 않는다. 그래서 자유롭다.

오버씽킹을 하지 않기 위한 비결이 있을까? 간단하다. 약간 멍청해지는 것이다. 청바지 브랜드 디젤은 '멍청해져라(Be stupid)'라는 제목의 캠페인을 진행한 적이 있다. 이 캠페인은 '멍청한 짓 좀 하지 마!'라는 말이 우리의 가능성을 차단하고, 도전하지 않는 태도를 만들었다고 설명한다. '좋은 아이디어를 내려면 멍청해져라, 너무 따지지 말자, 그래야 재미있는 아이디어가 나온다.'라는 이야기다. 아래는 캠페인 카피의 일부다.

마치 풍선처럼, 우리는 꿈과 희망을 잔뜩 갖고 있습니다.
그런데 너무도 오랜 세월 동안 우리 생활 속에 스며든 말 한마디가 있습니다.
"멍청한 짓 좀 하지 마!"
그 말은 우리의 모든 가능성을 가차 없이 깨어 버립니다.

똑똑한 사람들은 머리가 좋지만,
멍청한 사람들은 배짱을 갖고 있습니다.

똑똑한 사람들은 일을 금방 이해하지만,
멍청한 사람들은 일이 앞으로 어떻게 될지를 봅니다.

멍청하게 된다는 건 용감해진다는 겁니다.
멍청한 사람들은 실패를 두려워하지 않습니다.
실패보다 더 나쁜 건 시도조차 하지 않는 거라는 걸 알고 있거든요.

기억하세요. 멍청한 아이디어가 뛰어난 아이디어가 된다는 걸.
그러니까 우리... 멍청해집시다.

지나치게 똑똑한 사람들은 보이지 않는 것을 믿지 않으려 든다. 과연 그럴까? 보이는 것만 진짜일까? 마케팅에서 조사는 필수다. 알고 싶은 게 많아 예상 소비자에게 이것저것 물어 본다. 하지만 답을 정말 몰라서 그러는 걸까? 대개 답을 알지 못해서 조사를 하는 건 아니다. 마케팅 전문가라면 어떤 대답이 나올지 어렴풋이 짐작할 수 있다. 알면서도 아이디어를 정당화하기 위해 조사를 한다. 그러나 모든 일의 앞뒤가 그렇게 딱딱 맞아떨어질 리가 없다. 가끔은 직관의 힘을 이용해 보자. 알아보고, 조사하고, 연구하고, 때를 기다리다 기회를 놓친다. 내가 조금 전까지 생각하고 있었는데 꼭 누가 먼저 한다.

아이디어를 냈는데 멍청하다는 비난을 들어도 문제 될 게 없다. 처음이 문제지, 두 번째부터는 괜찮아진다. 내 아이디어를 비난하는 사람이 그렇게 똑똑하다면, 자기는 왜 아이디어를 발표하지 않는가? 비난에 당당하게 맞서야 한다. 무식하면 용감하다. 무식하다는 말을 들으면 혈압이 오르는가? 신경 쓸 필요 없다. 좋은 생각을 먼저 내는 게 이기는 것이다. 우리는 인류의 역사를 바꾼 위대한 생각 대부분이 처음엔 멍청하다는 평가를 받은 것을 알고 있다. 멍청해지자. 모든 사람들이 긴장할 때, 오늘 하루쯤 멍청해져 보는 것도 괜찮다. 그러면 이긴다.

유쾌함을 주는
아이디어

유쾌한 충격

내 아이디어가 정말 좋은 아이디어일까? 아이디어가 떠올랐지만 확신이 들지 않을 때가 있다. 이럴 때 자가 점검이 필요하다. 고전적인 아이디어 평가 기준이 바로 'ROI'다.

R은 Relevance의 약자로, 메시지와의 '연관성'을 의미한다. 광고의 아이디어가 주고자 하는 메시지를 잘 전달하는지를 평가하는 부분이다. 많은 광고가 아이디어는 괜찮은데 무슨 말을 하는 건지 연결이 되지 않는다. 유명 모델만 기억나고 브랜드는 기억나지 않는 광고도 많다. 광고는 칭찬받지만 구매와 연결이 되지 않아 혼난다.

O는 Originality, '독창성'을 의미한다. 광고 세상에는 어디서 본 것 같은 아이디어가 참 많다. 남의 것을 베껴서 그렇다. 물론 우리나라 광고만 그런 건 아니다. 국제 광고제 수상작들도 베끼는 작품이 꽤 많다. 세계적인 심사위원들도

익숙한 아이디어에 호의를 보이는 경우가 많다. 그걸 잘 이용하면 나한테는 이득이지만 브랜드에는 해악이다. 하늘 아래 새로운 건 없다지만, 원래 있던 걸 새로워 보이게 하는 것이 기술이다.

I는 Impact, '충격'이다. 내 아이디어가 충격을 주는가? 얼굴 모르는 소비자에게 충격을 주기란 쉽지 않다. 물론 '어떻게 저런 걸 돈 들여 만들었지?'라는 충격은 피하자. 우연히 봤는데 다시 한 번 보고 싶어야 충격적인 아이디어다. 아니면 '5초 후 광고 건너뛰기'의 대상이 되고 만다.

세 가지 기준을 모두 만족시키는 아이디어가 있을까? 독창성은 당연한 것이니 넘어가자. 연관성과 충격은 반비례 관계를 갖는다. 메시지와의 연관성을 높이면 충격이 사라진다. 광고가 제품 설명서가 되고 마는 것이다. 친절해서 좋지만 아무도 보지 않는다. 반대로 충격을 높이면 무슨 메시지였는지 기억나지 않는다. 결국 연관성과 충격을 절묘하게 조절하는 것이 좋은 아이디어를 내는 능력이다.

그럼 그 둘을 반으로 맞추면 좋은 아이디어가 되지 않을까? 그건 곤란하다. 그런 아이디어는 절충안이 되어 버린다. 아이디어에서 절충은 실패다. 위험해도 확실하게 한쪽에 몰아야 강해진다. '연관성'과 '충격' 중 한 가지 기준이라도 충족시키려면 어느 쪽을 택하겠는가? '충격'을 권한다. 그래야 잠재 소비자가 우리 제품을 기억하고, 필요할 때 곧바로 떠올릴 수 있다. '과즙 메이크업을 위한 제품이 많은데 어떤 걸 골라야 하지?'라고 고민할 때 바로 기억나게 할 수 있다는 이야기다.

충격을 주는 아이디어는 어떻게 낼까? "가장 훌륭한 아이디어는 농담으로 나옵니다. 되도록 재미있는 아이디어를 내세요.(The best ideas come as jokes. Make your thinking as funny as possible.)" 데이비드 오길비의 말이다. 한 마디로 '유쾌한 아이디어'를 내야 한다. 모든 면을 철저히 계산하는 전략적인 태도도 물론 필요하다. 하지만 소비자는 그렇게 철저하게 따져서 구매하지 않는다. 결국 모든 논의에도 불구하고 유쾌함을 주는 아이디어가 성공할 확률이 높다. 소비자는 유쾌한 광고를 경계하지 않기 때문이다. 소비자는 광고를 보며 상업적 메시지인 줄 알고 경계하다가도 유머가 나오면 금세 마음을 연다. 그래서 국제 광고제의 수상작들이 유머를 필수로 사용하는 것이다. 광고 시간이 아까워 제품 이야기만 하거나, 유명한 모델만 등장하거나, 멋져 보이는 영상만 고집하면 외면당한다.

한국인은 원래 음주가무를 좋아하던 유쾌한 민족이다.

지금도 그렇다. 아이디어에 유쾌함을 담자. 철저한 준비는 왼쪽 두뇌의 몫이다. 소비자에게는 오른쪽 두뇌로 다가가야 마음을 열 수 있다. 마음을 즐겁게 해야 지갑을 열 수 있다.

조금만 머리를 써서 유쾌한 아이디어를 내 보자. 아이디어를 평가하는 기준 ROI 중 I만 기억하면 된다. Impact. 충격을 주어야 내 이야기를 기억한다. "아이디어는 좋은데, 전략에서 벗어나잖아!"라고 이야기하는 사람들은 슬쩍 무시하라. 결국 전략이란 것도 충격을 주어 내 이야기를 기억시키려는 목적 아닌가? 부드럽게 충격을 주는 방법으로 '유쾌함'을 권한다.

알아 두면 좋은
광고 기획 용어

아이디어가 잘 풀리지 않을 때가 있다. 그럴 때는 '기본'으로 돌아가자. 복잡한 정보와 최근의 이론에서 벗어나서, 단순하지만 중요한 기본 아이디어로 돌아가는 것이다. 잠시 멈추고, 마케터라면 잊어서는 안 될 중요한 키워드들을 떠올려 보자. 지금 소개하는 용어들은 마케터가 아니더라도, 성공적인 마케팅을 진행하려면 반드시 알아야 하는 것들이다.

제품 콘셉트(Product Concept)

제품이나 서비스에 대한 기본 아이디어. 꼭 기억할 것은 한 광고에는 여러 제품 콘셉트 중에서도 하나만을 담아야 한다는 사실이다. 콘셉트에 '그리고'는 없다. 절대로 '맛도 좋고, 그리고 영양도 좋다.'라며 두 개 이상의 콘셉트를 제시하지 않아야 한다. 메시지가 두 개 이상이면 소비자는 기억하지 못한다.

소비자 혜택(Customer Benefit)

어떤 제품이나 서비스를 구매한 후 소비자가 얻는 가치나 만족을 이르는 말. 광고가 성공하려면 성능이나 품질을 자랑하는 기능적 혜택보다 '만족감, 안심, 자신감 상승' 등 구매 후 얻을 수 있는 심리적 혜택을 강조하는 편이 유리하다.

커뮤니케이션 콘셉트(Communication Concept)

이미 개발된 제품이나 서비스의 콘셉트를 '소비자에게 전하기 위한' 콘셉트를 말한다. 광고에 제품 콘셉트를 바로 담기보다 소비자가 이 제품이나 서비스를 통해 어떤 혜택을 얻을 수 있는지를 설명하는 '소비자 혜택'을 담아야 성공한다. '다이어트에 효과 있는 제품'이라는 제품 콘셉트를 광고에 직접 담는 것보다 '다이어트에 성공해서 멋진 상대와의 데이트에 성공했다.'라는 식으로 표현하는 것이다. 그래야 소비자가 자기 이야기라고 공감할 수 있다.

고객 페르소나(Customer Personas)

페르소나는 원래 '가면'이란 뜻이다. 기존 고객을 분석해 비슷한 특징에 따라 그룹으로 세분화한 데이터가 '고객 세그먼트(segment)'라면, 고객 페르소나는 그것을 토대로 만든 가상의 캐릭터를 말한다. 고객 세그먼트에 구체적인 감정적, 행동적 구성 요소를 추가한 것이다. 이 가상의 고객 페르소나를 잘 활용하면 잠재 고객을 분류하고 마케팅 메시지를 구체화할 수 있다. 고객 만족도를 높이고, 구매 전환율을 높이는 데도 도움이 된다.

AIDA 모델

Attention(주목), Interest(흥미), Desire(욕구), Action(구매 행위)의 약어. 광고를 본 후 제품이나 서비스를 구매하기까지의 소비자 심리 과정을 설명하는 효과 단계 모형이다.

AISAS 모델

AIDA 모델을 발전시킨 것으로, 광고를 본 후 제품이나 서비스를 구매하기까지의 소비자 심리 과정을 Attention(주목), Interest(흥미), Search(검색), Action(구매 행위), Share(공유)의 단계로 설명한다. 인터넷이 생긴 이후로 생긴 습관을 반영하여 소비자가 더욱 적극적으로 광고를 '검색'하고 '공유'한다는 점을 설명한다.

고객 구매 여정 모델(Customers Decision Journey Model)

컨설팅 회사 맥킨지(McKinsey)가 고객이 구매 결정을 내리기 전에 겪는 여정을 1. 고려, 2. 평가, 3. 구매, 4. 경험·옹호·유대의 네 단계로 설명한 모델이다. 전통적인 AIDA 모델처럼 고객의 행동이 순서대로 이루어지는 것이 아니라 최종 구매 결정까지 겹치고 반복된다고 설명한다. 특히 후기와 추천이 중요한 역할을 하므로 구매 후에도 고객에 대한 배려가 중단되어서는 안 된다는 점을 강조

한다. 그래야 긍정적인 고객 경험을 갖고 제품을 평가하여 브랜드
옹호자가 된다는 것이다.

다그마(DAGMAR) 모형

'효과 측정이 가능한 광고 목표 세우기(Defining Advertising Goals for Measured Advertising Results)'를 줄인 말. 목표를 세울 때 다음 다섯 가지를 미리 살펴야 한다고 설명한다.

① 목표를 구체적으로 세워야 한다. ② 광고효과를 측정할 수 있어야 한다. ③ 목표를 성취할 수 있어야 한다. ④ 가고자 하는 방향과 관련성이 있어야 한다. ⑤ 주어진 기한 내에 가겠다는 목표가 있어야 한다.

SEO(Search Engine Optimization)

'검색 엔진 최적화'라는 뜻이다. 네이버나 구글 같은 검색 엔진에서 광고하는 제품이나 서비스 이름이 특정 키워드를 검색했을 때 상위에 꾸준히 노출될 수 있도록 하는 작업을 말한다. 콘텐츠를 검색자의 의도에 맞게 제작해야 하고, 검색하면 잘 노출되도록 웹페이지의 태그와 링크 구조를 개선해야 한다. 사용자가 원하는 키워드를 찾기 위해 '구글 키워드 플래너'나 '네이버 데이터 랩'을 사용하여 글을 작성하는 것이 효과적이다.

좋은 광고를 만들기 위한
기획자의 체크리스트

광고대행사 DDB 월드와이드의 전 회장 키스 라인하드는 나의 광고가 좋은 광고인지 알아 보려면 3개의 S를 따져 보면 된다고 말한다. 바로 Simple(단순), Surprise(충격), Smile(미소)다. 좋은 크리에이티브 아이디어는 단순하며, 그래서 충격을 주어 오래 기억하게 하고, 소비자로 하여금 슬그머니 미소 짓게 한다는 이야기다.

① 아이디어가 충분히 단순한가?

광고 아이디어는 단순해야 한다. 광고 한 편에서 한 가지 이상 말하면 아무도 기억하지 못한다. 단순한 하나의 메시지를 반복하는 것이다. 유명한 연설가에게 성공적인 연설 기법을 묻자 이렇게 대답했다. "먼저 하고 싶은 이야기를 하십시오. 그것을 다시 한 번 이야기하십시오. 그리고 그 이야기를 또 이야기하십시오." 사람들은 무엇을 무료로 준다는 광고가 아니면 주의 깊게 보지 않는다. 광고 한 편에는 한 가지 이야기만 담자. 하지만 아주 단순하고 깔끔하게 만들었는데 볼거리가 별로 없어 심심해지는 수가 있다. 단순하지만 재미있는가? 단순하지만 심심하지 않은 광고를 만들기 위한 노력이 필요하다.

② 아이디어에 반전이 있는가?

광고가 설득력이 있으려면 우선 재미가 있어야 한다. 아니면 사람들은 광고를 보지 않는다. 광고를 눈여겨보는 사람은 만든 사람들밖에 없다. 그들의 식구도 보지 않는다. 그러므로 항상 놀라움을 주어야 기억한다. 그러기 위해서는 스토리의 마지막에, 혹은 시작부터 의외의 요소가 반드시 있어야 한다. 끝이 썰렁해지지 않게 의외성을 주자. 그러려면 비틀어야 한다. 순진한 아이디어는 접고, 반드시 반전을 사용하여 인상 깊게 만들어야 한다.

③ 소비자의 인사이트를 담았는가?

광고에서는 소비자 인사이트가 정말 중요하다. '인사이트(In-sight)'란 단어 뜻 그대로 소비자 '마음속(Inside)'을 '들여다보는(Sight)' 것이다. 이 단어는 광고 업계에서 너무도 많이 오용되거나 남용되는 것 중의 하나다. 사전에서는 '통찰력'이

좋은 광고를 만들기 위한 기획자의 체크리스트

라고 나온다. 즉 "사물의 내적 본질을 직관에 의해, 논리를 따지지 않으면서 사물에 대해 명확하게 보고 이해할 수 있는 능력"이라는 것이다.

광고 만들기는 인사이트 찾기가 전부라고 해도 과언이 아니다. 애써 알아냈다 생각해도 그냥 관찰이거나 스토리에 지나지 않아 그것을 인사이트라 하기 어려운 것도 많다. 인사이트는 어떤 계기에 의해 튀어나오므로 꼭 이성적으로 설명이 되지 않는 경우가 많다. 그러나 찾아야 한다. 인사이트를 광고에 반영하지 않으면 공감대가 만들어지지 않기 때문이다. 광고를 접하는 소비자의 반응은 냉담하다. 아무리 멋진 그림이나 헤드라인으로 유혹을 해도, "나한테 뭘 해 줄 건데?"라는 질문에 확실하게 대답하지 않으면 눈길도 주지 않는다. 소비자는 정말로 똑똑하고 비판적이어서 그저 그런, 분명하지 않은 인사이트로 말을 걸면 바로 마음의 문을 닫아버린다.

인사이트에 대한 한 가지 힌트는 사람들이 알고 있는 것을 반대로 말하는 역설적인 이야기가 먹힌다는 사실이다. 광고는 소비자가 공감할 만한 이야기로 말을 걸고, 만족스러운 결과로 마무리해야 성공한다. 당신의 광고 아이디어에 인사이트를 담았는가?

레트로 기획자의 영감 노트

초판 1쇄 발행 2024년 10월 23일

지은이 정상수
펴낸이 박영미
펴낸곳 포르체

책임편집 김아현
마케팅 정은주
디자인 황규성

출판신고 2020년 7월 20일 제2020-000103호
전화 02-6083-0128 | 팩스 02-6008-0126
이메일 porchetogo@gmail.com
포스트 https://m.post.naver.com/porche_book
인스타그램 www.instagram.com/porche_book

여러분의 소중한 원고를 보내주세요.
porchetogo@gmail.com